Steffen Kleint

Funktionaler Analphabetismus –
Forschungsperspektiven und Diskurslinien

D1663280

Studientexte für Erwachsenenbildung

Eine Buchreihe des Deutschen Instituts für Erwachsenenbildung (DIE).

Bei der gelben Reihe des DIE handelt es sich um didaktisch strukturierte Bestandsaufnahmen zu Kernthemen der Erwachsenenbildung. Die Studientexte vermitteln fachliches Begründungswissen vor dem Hintergrund des wissenschaftlichen Forschungsstands und einer reflektierten Praxis. Sie eignen sich als Begleitmaterial in Fortbildungen und als Ausbildungsliteratur im Studium. Die Studientexte sind als Selbstlernmaterialien konzipiert und ermöglichen Neueinsteiger/inne/n im Handlungsfeld, erfahrenen Fachkräften und Studierenden die selbstständige Erschließung des Themas.

Wissenschaftliche Betreuung der Reihe am DIE: Dr. Thomas Jung

Bisher in der Reihe Studientexte für Erwachsenenbildung erschienene Titel:

Mona Pielorz
Personalentwicklung und Mitarbeiterführung in Weiterbildungseinrichtungen
Bielefeld 2009, ISBN 978-3-763-1965-9

Wiltrud Gieseke
Bedarfsorientierte Angebotsplanung in der Erwachsenenbildung
Bielefeld 2008, ISBN 978-3-7639-1955-0

Peter Faulstich, Erik Haberzeth
Recht und Politik
Bielefeld 2007, ISBN 978-3-7639-1949-9

Dieter Gnahs
Kompetenzen – Erwerb, Erfassung, Instrumente
Bielefeld 2007, ISBN 978-3-7639-1944-4

Claudia de Witt, Thomas Czerwionka
Mediendidaktik
Bielefeld 2007, ISBN 978-3-7639-1914-7

Horst Siebert
Lernmotivation und Bildungsbeteiligung
Bielefeld 2006, ISBN 978-3-7639-1931-4

Stefanie Hartz, Klaus Meisel
Qualitätsmanagement
2. akt. und überarbeitete Auflage,
Bielefeld 2006, ISBN 978-3-7639-1917-8

Horst Siebert
Theorien für die Praxis
2. Auflage, Bielefeld 2006,
ISBN 978-3-7639-1928-4

Ingeborg Schüssler, Christian M. Thurnes
Lernkulturen in der Weiterbildung
Bielefeld 2005, ISBN 978-3-7639-1845-4

Katja Friedrich, Klaus Meisel, Hans-Joachim Schuldt
Wirtschaftlichkeit in Weiterbildungseinrichtungen
3. akt. und überarbeitete Auflage,
Bielefeld 2005, ISBN 978-3-7639-1899-7

Ingrid Schöll
Marketing in der öffentlichen Weiterbildung
3. akt. und überarbeitete Auflage,
Bielefeld 2005, ISBN 978-3-7639-1875-1

Antje von Rein, Carla Sievers
Öffentlichkeitsarbeit und Corporate Identity an Volkshochschulen
3. akt. und überarbeitete Auflage,
Bielefeld 2005, ISBN 978-3-7639-1896-6

Weitere Informationen zur Reihe unter
www.die-bonn.de/st

Bestellungen unter
www.wbv.de

Studientexte für Erwachsenenbildung

Steffen Kleint

Funktionaler Analphabetismus – Forschungsperspektiven und Diskurslinien

Herausgebende Institution

Deutsches Institut für Erwachsenenbildung – Leibniz-Zentrum für Lebenslanges Lernen

Das Deutsche Institut für Erwachsenenbildung (DIE) ist eine Einrichtung der Leibniz-Gemeinschaft und wird von Bund und Ländern gemeinsam gefördert. Das DIE vermittelt zwischen Wissenschaft und Praxis der Erwachsenenbildung und unterstützt sie durch Serviceleistungen.

Lektorat: Thomas Vollmer/Christiane Barth

Wie gefällt Ihnen diese Veröffentlichung? Wenn Sie möchten, können Sie dem DIE unter **www.die-bonn.de** ein Feedback zukommen lassen. Geben Sie einfach den Webkey **42/0025** ein. Von Ihrer Einschätzung profitieren künftige Interessent/inn/en.

Bibliografische Information der Deutschen Nationalbibliothek

Die Deutsche Nationalbibliothek verzeichnet diese Publikation in der Deutschen Nationalbibliografie; detaillierte bibliografische Daten sind im Internet über http://dnb.d-nb.de abrufbar.

Verlag:
W. Bertelsmann Verlag GmbH & Co. KG
Postfach 10 06 33
33506 Bielefeld
Telefon: (0521) 9 11 01-11
Telefax: (0521) 9 11 01-19
E-Mail: service@wbv.de
Internet: www.wbv.de

Bestell-Nr.: 42/0025

© 2009 W. Bertelsmann Verlag GmbH & Co. KG, Bielefeld
Umschlaggestaltung und Satz: Christiane Zay, Bielefeld
Herstellung: W. Bertelsmann Verlag, Bielefeld
ISBN 978-3-7639-1975-8

Mix
Produktgruppe aus vorbildlich bewirtschafteten
Wäldern und anderen kontrollierten Herkünften
www.fsc.org Zert.-Nr. IMO-COC-026041
© 1996 Forest Stewardship Council
FSC

Inhalt

Vorbemerkungen 7

Einleitung 9

Theoretische Bestimmungen 15

1. Retrospektive Aspekte 17
1.1 Ein kurzer Überblick 17
1.2 Der gewordene Anspruch 18

2. Prospektive Aspekte 21
2.1 Relationalität 21
2.2 Schriftsprache als soziales Phänomen 22
2.3 Objektive Benachteiligung 26
2.4 Konzentrierung und Marginalisierung 31

Empirische Bestimmungen 37

3. Qualitative Aspekte 39
3.1 Allgemein 39
3.2 Objektive und subjektive Dysfunktionalität 39
3.3 Selbstbeschreibungen 47

4. Quantitative Aspekte 55
4.1 Politische Perspektiven 55
4.2 Wissenschaftliche Perspektiven 55

5. Legitimatorische Aspekte 63
5.1 Allgemein 63
5.2 Pädagogische Perspektiven 65
5.3 Formallinguistische Perspektiven 72
5.4 Soziolinguistische Perspektiven 77

Ausblick 89

Literatur 93

Glossar 97

Autor 103

Vorbemerkungen

Analphabetismus ist bekanntermaßen kein neues Phänomen. Die derzeitige Diskussion in der allgemeinen wie in der wissenschaftlichen Öffentlichkeit verweist aber auf eine aktuell wachsende Sensibilität für die verschiedenen Spielarten, möglichen Begriffe und Interpretationen von Schriftsprachdefiziten. In einer ersten Annäherung ließe sich sagen, dass Analphabeten nur mehr Menschen sind, die nicht lesen und schreiben können. Schärft man seinen Fokus, so impliziert der Begriff auch ein soziales Stigma: Diejenigen, die des Lesens und Scheibens „selbstverständlich" kundig sind, pflegen immer wieder Vorbehalte gegen Menschen, die es nicht sind. Und neben den vermuteten Ursachen oder Motiven für literale Benachteiligung bleibt schließlich nach den Kriterien und Maßstäben zu fragen, nach denen geurteilt wird.

In seiner hier vorgelegten Studie erkundet Steffen Kleint die Forschungslandschaft zum Thema Analphabetismus. Mit Blick auf das gewaltige Spektrum von historischen und aktuellen Untersuchungen extrahiert der Autor Traditionslinien, Forschungsansätze und Argumentationen, die darauf abzielen, das Phänomen zu beschreiben, Begriffsinhalte zu definieren und Handlungsoptionen für die zukünftige wissenschaftliche Betrachtung und Erforschung des Analphabetismus zu eröffnen. Dabei erliegt Kleint nicht der Gefahr – wie er sie in seiner Zusammenschau von Forschungsansätzen immer wieder ausgemacht hat –, den Analphabetismus in einer wissensdominierten Gesellschaft lediglich als selbstverschuldete Unfähigkeit zu betrachten. Wenn dem so wäre, so sollte es ausreichend sein, hinreichend Maßnahmen zum Lesen- und Schreibenlernen anzubieten, sodass diejenigen Menschen, die bisher als „Analphabeten" galten, befähigt werden würden, (wieder) an komplexen gesellschaftlichen Prozessen zu partizipieren.

Steffen Kleint zeigt zahlreiche Ansätze in der theoretischen Grundlagenforschung auf, die es wert sind, empirisch hinterfragt und theoretisch weiterentwickelt zu werden. Die Studie ist somit ein exzellent recherchiertes, sachlich wie systematisch geschildertes und sympathisches Plädoyer für eine differenzierte, vorurteilsbewusste und empirisch orientierte Forschung über das ohnehin kontrovers diskutierte und erforschte Phänomen. Erst darauf aufbauend kann eine pädagogische Praxis für die Alphabetisierungsarbeit in unserer modernen Gesellschaft entwickelt werden. Schließlich geht es in diesem Buch nicht nur um „Objekte" einer Forschung zum funktionalen Analphabetismus, sondern um die Menschen, also auch um deren Schicksal in Vergangenheit und Zukunft.

Bei seiner Sammlung und Systematisierung der bisherigen Diskussionsstränge lässt sich der Autor von drei Fragen leiten: erstens von der Frage der Qualifizierung der literalen Benachteiligung, zweitens von der Quantifizierung literaler Benachteiligung und schließlich von der Legitimierung von Maßgaben empirischer Bestimmungen. Nach einer ausführlichen Untersuchung konkreter retrospektiver, empirischer, qualitativer und legitimatorischer Aspekte der Alphabetisierungsarbeit formuliert der Autor weiterführende Fragen, die zugleich als Ergebnisse seiner Ausführungen und als Empfehlungen für weitere Forschungsbemühungen zu lesen sind.

Anhand aktueller, vornehmlich internationaler Diskurslinien wirft Steffen Kleint schließlich die Frage auf, ob die Rede von Literalität und andere ganzheitliche Ansätze, wie der des Lebenslangen Lernens, nicht „Ausdruck eines weitgehenden harmonisierenden Prospekts" sind, ob sie also einen Versuch darstellen, den ökonomischen Globalisierungstendenzen kritisch zu begegnen. Mit Verweis auf den „Capability Approach" sowie die weltweit in Gang gekommene Diskussion über eine notwendige Verknüpfung von Literalität *und* ökonomischer Entwicklung als Voraussetzung für die Freiheit des Individuums hat der Wirtschaftswissenschaftler und Nobelpreisträger Amartya Sen jüngst überzeugend argumentiert, dass unsere moderne Gesellschaft, die entlang von Wissen und Ökonomie organisiert ist, noch viel zu leisten hat. Denn sie muss all denjenigen marginalisierten Gruppen, denen sie bisher den Zugang zu Literalität verweigerte, gerecht werden und ihnen eine Teilhabe an ihrer und unserer Lebenswelt ermöglichen. Zu dieser Debatte trägt dieser Studientext von Steffen Kleint maßgeblich bei.

Prasad Reddy
Deutsches Institut für Erwachsenenbildung –
Leibniz-Zentrum für Lebenslanges Lernen Bonn

Einleitung

Das Thema der literalen Kompetenz im Erwachsenenalter wird im Zuge einer von den Vereinten Nationen ausgerufenen Weltalphabetisierungsdekade (2003–2012) gegenwärtig auch in Deutschland durch vielfältige Forschungsinitiativen in seiner gesellschaftlichen Relevanz gewürdigt und mit wissenschaftlicher Aufmerksamkeit verfolgt. Bereits in den 1970er Jahren wurde man auf das Phänomen Analphabetismus aufmerksam, da eine zunehmend wachsende Anzahl von Menschen aufgrund unzureichender Lese- und Schreibkompetenzen zum Verlierer auf dem Arbeitsmarkt wurde. Um dieser Entwicklung entgegenzuwirken, entstanden in verschiedenen Bildungseinrichtungen, -initiativen und Jugendvollzugsanstalten die ersten Alphabetisierungskurse. Im November 1980 fand die erste Konferenz „Analphabetismus unter deutschsprachigen Jugendlichen und Erwachsenen" statt (vgl. Tröster 2005, S. 2).

Doch nach dreißig Jahren pädagogischer Arbeit bleibt festzuhalten, dass auch in Gesellschaften, in denen die Teilhabe an einem „allgemeinbildenden Schulsystem verpflichtend ist, Erwachsene leben, die Lesen und Schreiben nicht oder nicht richtig gelernt oder wieder verlernt haben" (Nuissl 1999, S. 550). Und kritisch bemerkt man:

> Diese Erkenntnis wird im allgemeinen bis heute noch von der UNESCO außer acht gelassen. Im Rahmen einer „weltweiten Problematik" wird behauptet, daß der Analphabetismus „bekämpft" werden kann, sobald für alle Kinder dieser Welt eine „richtige Schulausbildung", d.h. eine langjährige Beschulung garantiert wird (Panagiotopoulou 2001, S. 22).

Von diesem Befund ausgehend, ist man mittlerweile bestrebt, bisherige praktische Erfahrungen und theoretische Standpunkte der Alphabetisierungsarbeit zu systematisieren und in Hinblick auf empirische Forschungsvorhaben fruchtbar zu machen. Die vorliegende Arbeit soll hierzu einen Beitrag leisten.

Einen entscheidenden Punkt oder eine Klammer der aktuellen Forschungsinitiativen bilden die kursierenden quantitativen Schätzungen der betreffenden Personengruppe. Erst durch die Annahme einer beträchtlichen Dunkelziffer gewinnt das Thema der literalen Benachteiligung maßgeblich an pädagogischer und politischer Brisanz. Bereits vor zwanzig Jahren schätzte man, unter Berufung auf die UNESCO, die Dunkelziffer an illiteraten Menschen ohne Migrationshintergrund in Deutschland auf mehrere Millionen. Damals vermutete man, dass in der Bundesrepublik ca. 500.000 deutschsprachige Erwachsene ohne Buchstabenkenntnis und ohne die Fähigkeit, ihren eigenen Namen schreiben zu können, leben. Bei ca. 2,2 Millionen schätzte man, dass die Schreib- und

Lesekenntnisse für die Bewältigung einfacher alltäglicher Anforderungen, wie Post, Bank etc., nicht ausreichen würden (vgl. Giese/Gläß 1984, S. 25).

Zur Unterscheidung von Alphabeten und Analphabeten wird in der Regel gefordert, dass sie ihren Namen schreiben und leidlich lesen können (vgl. Engelsing 1973, S. 96). Entsprechend wurde aufgrund einer Erhebung von 1912, die den Prozentsatz der Analphabeten in Deutschland mit 0,01 bis 0,02 Prozent bezifferte, angenommen, Analphabetismus sei hierzulande offiziell beseitigt. Mittlerweile ist jedoch deutlich geworden, dass das Analphabetentum aufgrund derartiger Festlegung von Normen auf niedrigstem Niveau lediglich „unsichtbar" geworden ist (vgl. Steuten/Korfkamp 2007, S. 154).

Seitens der politischen Entscheidungsträger und pädagogischen Anbieter sucht man daher vor allem nach „potentiellen Nachfragern" (Giese/Gläß 1984, S. 25). Beforscht wird eine mehrere Millionen starke „Personengruppe, die aufgrund unzureichender Beherrschung der Schriftsprache nur eingeschränkt am gesellschaftlichen und beruflichen Leben teilhaben kann" (Schneider/Gintzel/Wagner 2008, S. 8). Diese potenzielle pädagogische Klientel tritt komplizierterweise als ein soziales Phänomen aber nicht in Erscheinung. Sie entzieht sich durch eine ausgeprägte „Selbstisolation in einem Raum fehlender Kultur und in einem Raum von Sprachlosigkeit" (Giese/Gläß 1984, S. 29 f.) den fürsorglichen und forschenden Blicken. Und so besteht wohl die erste Herausforderung darin, „ins Verborgene des Feldes einzudringen und eine genügend große Zahl funktionaler Analphabeten überhaupt anzutreffen" (Schneider/Gintzel/Wagner 2008, S. 38).

Genau an diesem Punkt ist in der aktuellen Forschungslandschaft nun eine folgenreiche Divergenz zu beobachten: Man geht in der Forschungsanlage allgemein von nicht lernenden Illiteraten aus, bezieht sich dann aber faktisch fast ausschließlich auf die Subgruppe der lernenden. Zwar ist bekannt, dass im Jahr 1982 ca. 2.000 illiterate Menschen in 130 Einrichtungen der Erwachsenenbildung unterrichtet wurden; 1984 waren es bereits ca. 6.000 in 250 Einrichtungen (überwiegend Volkshochschulen) (vgl. Giese/Gläß 1984, S. 25). Aber diejenigen illiteraten Menschen, die nicht an derartigen Kursen teilnehmen, werden quantitativ nicht erfasst. Betreffs nicht lernender Illiteraten kann man sich zurzeit weder auf empirische Erkenntnisse stützen – allenfalls auf einige retrospektive Beschreibungen in der Perspektive von Lernenden –, noch kann man in der Theorie, die in Deutschland bislang vor allem anhand des Begriffs „funktionaler Analphabetismus" geführt wurde, auf eine Differenzierung zwischen lernenden und nicht lernenden bauen.

So bedingt jene Divergenz auch eine weitreichende Unsicherheit in definitorischen Belangen, weil man einerseits nach mehr oder weniger operationalisierbaren Gegenstandbestimmungen fragt und andererseits eine kaum einholbare Heterogenität derselben konstatiert, nicht zuletzt, um niemanden zu stigmatisieren.

Die Quantifizierung des funktionalen Analphabetismus stellt uns vor zahlreiche Problemkonstellationen. Fundamental ist die Identifikation der Zielgruppe: Was zeichnet sie aus, wie ist sie eindeutig von anderen abzugrenzen? Darauf aufbauend ist eine Operationalisierung zu etablieren, die genau die vorher festgelegte Differenzierung abbildet und hinsichtlich der Zielgruppe quantitativ bestimmen kann (Schneider/Gintzel/Wagner 2008, S. 31).

Anderseits wohl soll man selbst noch

mit dem Begriff „funktionale *Literacy*" vorsichtig umgehen: Bedürfnisse und Pläne von Menschen unterscheiden sich oft sehr von denen, die Regierungen, Bildungssysteme, Testautoren oder Arbeitgeber spezifizieren, und was „funktional" für eine Person ist, mag für eine andere nicht funktional sein (Ivanic/Barton/Hamilton 2004, S. 21, Herv. d. Verf.).

So mag ein „Universitätsprofessor (…) in vielen Bereichen literal hoch gebildet sein, könnte jedoch ungeübt sein in den *Literacies*, die z. B. mit Mietimmobilien oder Verpachtung zu tun haben" (ebd. S. 19 f., Herv. d. Verf.). Und so fragt man: „Die Trennschärfe des Begriffs scheint verloren, hat sich damit auch die Problematik verflüchtigt?" (Stagl/Dvorak/Jochum 1991, S. XIV).

Bei Fragen der Definition kommt neben den unausgewiesenen Rückschlüssen auf nicht lernende Illiteraten zudem eine weitere, noch allgemeinere Problematik zum Tragen: Um sogenannte „eklatante Schriftsprachdefizite" (Schneider/Gintzel/Wagner 2008, S. 17) mehr oder weniger genau bestimmen zu können, muss zuvor auf den jeweils legitimen „Standpunkt einer alphabetisierten Gesellschaft" (Giese/Gläß 1984, S. 25) rekurriert werden. Dieser Standpunkt steht in einem „ständigen Aushandlungsprozess" (Schneider/Gintzel/Wagner 2008, S. 18 f.) und kann daher nur für einen begrenzten Zeitraum Gültigkeit beanspruchen. Das literale Mindestniveau der Gesamtgesellschaft ist allem Anschein nach im Steigen begriffen. Es herrscht eine allgemeine Um- oder Aufbruchsstimmung, da in naher Zukunft die „relevante Form der Arbeit die Wissensarbeit wird" (ebd.). In Zeiten ökonomischer Globalisierung sollen die bislang hinreichenden literalen Kompetenzen nicht mehr genügen und man bekommt den Eindruck vermittelt, als werde dieser „globale Anspruch (…) bis in die kleinsten Zellen der Gesellschaft als Maßstab ernst genommen" (ebd., S. 11). Entsprechend konstatiert man:

Die Kluft zwischen den Menschen, die die Anforderungen der Informationsgesellschaft erfüllen können, und denen, die ausgeschlossen werden, vergrößert sich zusehends. (…) Um diesen Ausgrenzungstendenzen (social exclusion) entgegenzuwirken, gewinnen Bildungsprogramme an Bedeutung, die im Sinne einer „zweiten Chance" Möglichkeiten der Teilhabe an der Gesellschaft und der Arbeitswelt bieten (Tröster 2000, S. 12 f.).

Aus volkswirtschaftlicher und gesellschaftlicher Sicht scheint mit Blick auf die Betroffenen kein Weg an der Qualifizierung von Analphabeten vorbeizuführen (vgl. Schwänke/Namgalies/Heling 1990, S. 8). Die Veränderung muss dabei beide Seiten einbeziehen: Die „Menschen und die gesellschaftlichen Institutionen. Beide sind reflexiv aufeinander angewiesen" (Schneider/Gintzel/Wagner 2008, S. 21).

Was aber bedeutet diese Annahme konkret? Wo werden welche literalen Mindeststandards in welcher Hinsicht anspruchsvoller? – Die Beantwortung solcher Fragen bleibt offensichtlich weiterhin eine Sache der Aushandlung und der wissenschaftlichen Klärung.

In jedem Fall kann festgehalten werden, dass sich bereits in der theoretischen Bestimmung dessen, was man unter einer literalen Benachteiligung versteht, viele entscheidende und nicht leicht zu erwägende Aspekte bündeln. So versucht man momentan, ein begriffliches Instrumentarium zu entwickeln, das sowohl lernende wie nicht lernende Illiteraten umfasst. Gesucht wird eine Arbeitsdefinition, mit der sich ein literales Kontinuum annehmen und zugleich ein bestimmter Ausschnitt fokussieren lässt und mit der man außerdem wissenschaftliche Neutralität wahrt, ohne normative und speziell pädagogische Gemeinplätze zu brüskieren. Es besteht allerdings noch weitgehende Unklarheit darüber, wie mit der gegebenen terminologischen Diversität umzugehen ist, und das nicht nur wegen der eben erwähnten Implikationen. Es ist zudem fraglich, wo Nahtstellen zwischen deutschen, europäischen und amerikanischen Debatten genutzt werden können, inwieweit eine einheitliche Terminologie jeweils möglich und sinnvoll ist oder in welcher Weise Lernleistungsmessungen mit pädagogischen Ansprüchen korrelieren.

Angesicht eines derartigen Forschungskomplexes ist man zunächst einmal gut beraten, sich darum zu bemühen, bisher leitende Annahmen in ihrem theoretischen und empirischen Gehalt transparent zu machen. Dies erlaubt einerseits, die Theorie in reflektierter Weise empirisch zu wenden beziehungsweise die empirischen Ergebnisse in differenzierter Weise theoretisch aufzunehmen. Auf der anderen Seite kann damit verhindert werden, dass theoretische Probleme und empirische Unwägbarkeiten vorwiegend implizit wirken und mithin nicht nur Verwirrung, sondern sogar unmerklich Verwirrung stiften. So soll hier eine wissenschaftliche Bearbeitung der Thematik ermöglicht werden, indem vorgängige Selbstverständnisse beleuchtet, gegensätzliche Ansätze ins Gespräch gebracht, einzelne Argumentationsstränge gebündelt und gravierende Reibungspunkte aufgezeigt werden.

In einem ersten Schritt geht es um die Sondierung des wissenschaftlichen Diskurses im deutschen Sprachraum, der immer auch in Kontakt mit internationalen Entwicklungen stand und steht. Momentan ist zu beobachten, dass im Rahmen dieses Diskurses zum Leitbegriff des funktionalen Analphabetismus zunehmend Distanz hergestellt wird. Stattdessen wird eine international anschlussfähigere Rede von „Literalität" beziehungsweise „Illiteralität" bevorzugt. Tendenziell wird mit dem englischen Begriff

„literacy" einer sozialwissenschaftlichen Sicht sowie einem egalitären Anspruch auf Schriftsprache Vorschub geleistet. Etwa erläutert man:

> Der Entscheidung für den Begriff „Literalität" und gegen den Begriff „Analphabetis-
> mus" liegt die Annahme zugrunde, dass das in dem Begriff „Analphabetismus" mit-
> schwingende dichotome Verständnis nicht geeignet sei, da vielmehr davon auszugehen
> ist, dass alle Menschen bis zu einem bestimmten Grad in der Lage sind, mit symbolisch
> verschlüsselter Information umzugehen und kein eindeutiger Mindeststandard gesetzt
> werden kann (Linde 2007, S. 94).

Eine wesentliche Prämisse beim hiesigen Vorgehen ist, dass mit einer Sammlung und Systematisierung von bisherigen Diskussionssträngen ein Hintergrund gebildet werden kann, vor dem sich zeitgemäße wissenschaftliche Initiativen angemessen entwickeln lassen.

Im Besonderen soll hier auf folgende Aspekte Wert gelegt werden: In einer großen Linie ist zwischen eher theoretischen und eher empirischen Diskussionszusammenhängen zu unterscheiden. Dieser analytischen Trennung von Theorie und Empirie folgt auch die Gliederung der vorliegenden Untersuchung. Zwar wird die empirische Forschung von Theorie und die theoretische Forschung von Empirie inspiriert – eines ist meist nur so gut wie das andere, doch gehen theoretische und empirische Annahmen und Ansprüche nur bedingt ineinander auf. Bei aller Verschränkung empfiehlt es sich, die Differenzen nicht zu vernachlässigen. Im aktuellen Diskurs um den funktionalen Analphabetismus dominieren offensichtlich theoretische Annahmen und zugleich uneingelöste empirische Ansprüche. Entsprechend entbehrt die Theorie bislang weitgehend empirisch gesicherter Grundlagen, weswegen sie im Folgenden hauptsächlich mit Blick auf empirische Forschungen weiterentwickelt werden soll. Insoweit es hier also um eine Sondierung des Diskurses geht, wird dies vor allem unter Berücksichtigung von aktuellen Tendenzen und überwiegend in Hinblick auf empirische Forschungsanstrengungen betrieben. Dass der Diskurs mit Gewinn auch in größeren Zeiträumen oder auch verstärkt in theoretischer Perspektive zu diskutieren ist, bleibt dabei unbenommen. Hier sollen nur andere Schwerpunkte gesetzt werden. Vor allem sollen im Folgenden die Relationalität des Leitbegriffs sowie die gleichzeitige Dominanz soziolinguistischer und gesellschaftskritischer Ansätze in den Blick genommen werden.

Zunächst werden diese Aspekte als theoretische Entwicklungen dargestellt, weitgehend ohne Ansehung der empirischen Forschung. Erst in einem zweiten Anlauf ist dann auf empirische Impulse und Fragen einzugehen, dann aber umso dezidierter und in Auseinandersetzung mit den entsprechenden theoretischen Annahmen. Alles in allem und also auch quer zur Differenzierung zwischen theoretischen und empirischen Erkenntnissen gliedert sich das Buch entlang von drei Leitfragen: Erstens ist zu fragen, wie literale Benachteiligung qualifiziert, zweitens wie sie quantifiziert werden kann. Drittens ist zu eruieren, wie Maßgaben der empirischen Bestimmungen legitimiert werden.

 Theoretische Bestimmungen

1. Retrospektive Aspekte

1.1 Ein kurzer Überblick

Die Rede vom funktionalen Analphabetismus in Deutschland steht im Kontext einer Entwicklung der Schriftsprache zum maßgeblichen Medium des gesellschaftlichen Verkehrs in ganz Europa. Erst mit der neuzeitlichen Ausbreitung eines Alphabetentums wurde der Analphabetismus zu einem Gegenstand der öffentlichen Aufmerksamkeit. So wurde bereits im 17. Jahrhundert das Analphabetentum zu einer Erscheinung des öffentlichen Lebens. „Zeitgenössische Hinweise auf den Mangel an Lese- und Schreibfertigkeit zeigen, daß das Analphabetentum mehr als bisher aufzufallen begann" (Engelsing 1973, S. 45). Vom damaligen schriftsprachlichen Zustand im deutschen Sprachraum erfährt man:

> In Frankfurt am Main waren 1612 die im Rat sitzenden Handwerker des Lesens und Schreibens noch unkundig. In Berlin konnte 1615 ungefähr die Hälfte der Bürgerschaft nicht schreiben. Auch in Sachsen stellte man 1617 fest, daß es Ratsherrn gab, die Analphabeten waren. In Lübeck beschwerten sich 1668 die Amtsbrüder, daß keiner der fünf Älterleute lesen und schreiben könne (…). So waren denn auch im Jahre 1700 in Frankfurt am Main unter 50 Nachlässen von Kaufleuten 28 Prozent ohne ein Buch, 1750 unter 107 Nachlässen 16 Prozent ohne ein Buch. Bei den Handwerkern lagen die Zahlen noch höher. Im Jahre 1700 waren 37 Prozent der Frankfurter Nachlässe ohne ein Buch (ebd., S. 46).

Die damaligen Diskussionen über diese neue soziale Auffälligkeit mündeten vor allem in der Einführung einer allgemeinen Schulpflicht. Die schulischen Institutionen sollten dafür Sorge tragen, dass literale Kompetenzen sich gesamtgesellschaftlich ausbreiten. Man ging in Deutschland – wie auch in anderen westeuropäischen Ländern, z.B. England, Frankreich, Niederlande – davon aus, dass der Analphabetismus durch die gesetzlich abgesicherte Schulpflicht (seit 1880) beseitigt werden könne (vgl. Panagiotopoulou 2001, S. 22). Dieses Selbstverständnis hat sich im deutschen Sprachraum bis in die 1970er Jahre gehalten. Ab dieser Zeit sieht die pädagogische Praxis sich mehr und mehr mit einem Analphabetentum *trotz* Schulbesuchs konfrontiert (vgl. Nuissl 1999, S. 550).

Sin der Folgezeit begann man den Analphabetismus differenzierter zu betrachten und auf verschiedene schriftsprachliche Praxen zu beziehen. In diesem Zuge taucht dann im Bildungssektor die Rede vom funktionalen Analphabetismus auf, die es ermöglichen soll, literale Schwächen unter dynamischen und pluralen Gesellschaftsverhältnissen auf einen Begriff zu bringen. Dabei wurde schnell klar, dass es wenig sinnvoll ist, den

Terminus „funktionaler Analphabetismus" (...) für solche Menschen zu gebrauchen, die beim Schreiben orthographische, grammatische oder stilistische Fehler machen, ansonsten aber durchaus in der Lage sind, den Anforderungen des Alltags und auch des beruflichen Lebens gerecht zu werden (Heller 2004, S. 33).

1.2 Der gewordene Anspruch

Die Differenzierung des Analphabetismus in Hinblick auf verschiedene Funktionen und die „Entwicklung hin zu einem relationalen Begriff" (Steuten/Korfkamp 2004, S. 30) stellen die Bildungsforschung nun vor eine Herausforderung: Über literale Benachteiligung lässt sich jetzt nicht länger pauschal, sondern nur noch in spezifischen gesellschaftlichen Kontexten reflektieren. Was unter funktionalem Analphabetismus zu verstehen ist, kann nicht mehr nur an bestimmten schriftsprachlichen Niveaus festgemacht werden. Der Begriff lässt sich nur noch variabel, je nach gesellschaftlichem Anspruch bestimmen. Unter der Berücksichtigung gesellschaftlicher Ausdifferenzierungen und unter Berücksichtigung einer allgemeinen „Exklusionstendenz" arbeitet man mit einem „ausdeutbaren Zugangsbegriff" (Nuissl 1999, S. 551) und betont immer auch die Relativität der vorgebrachten Argumente und erhobenen Datensätze.

Hierbei läuft man allerdings Gefahr, trotz hoher Detail- und Messgenauigkeit weitgehend unverbindlich zu bleiben und kein neues Wissen zu produzieren. In dieser Hinsicht ist davor zu warnen, dass mit zunehmender Differenziertheit in der Betrachtungsweise das Phänomen auch zusehends abstrakter und ungreifbarer wird. Wenn eine Begriffsklärung angestrebt wird, so muss man sich auf Abstraktionen und Unsicherheiten einlassen, um schließlich eine nachvollziehbare Argumentation führen und einen begründeten Standpunkt beziehen zu können (vgl. Linde 2004, S. 27). In pointierter Darstellung lässt sich resümieren:

> Der Begriff „funktionaler Analphabetismus" kann mehr verbergen als er offenbart – er steht in der Gefahr, ein schlechter Mythos zu sein. Ein schlechter Mythos wird er, wenn jemand denkt, er habe mit der Bezeichnung schon begriffen, worum es geht (Wagner 2007, S. 96).

Nun steht hinter der Spannung von begrifflicher Relativität und Verbindlichkeit ein recht anspruchsvolles Verständnis von dem, was zu können ist, um in der hiesigen Gesellschaft als „alphabetisiert" oder „literalisiert" zu gelten. Die Ansprüche in literalen Lebensbereichen sind beträchtlich gestiegen. Somit wird auch das Forschungsfeld der Illiteralität beträchtlich komplexer. So ist der funktionale Analphabetismus nicht einfach negativ bestimmt. Er ist durch viele Kompetenzen, die vor noch nicht allzu langer Zeit als Indizien für Alphabetentum galten, mitunter sogar positiv ausgezeichnet. So wird festgestellt:

Die „modernen Analphabeten" (…) bzw. die „funktionalen Analphabeten" sind in einem doppelten Sinne nicht schriftlos: Diese Menschen sind in einer schriftlichen Gesellschaft und Kultur sozialisiert worden, sind deswegen auf jeden Fall mit Schrift in Berührung gekommen (in der Familie, in der Schule, im Alltag) und wissen auch ganz genau über die enorme Bedeutung von geschriebener Sprache und Schriftlichkeit Bescheid. Das ist die eine Seite. Die andere Seite betrifft die Tatsache, daß sie zwar nicht über Schriftlichkeit verfügen, im Sinne, daß sie kaum zur Schriftkultur Zugang haben, dennoch „Lese- und Schreibkenntnisse" bzw. eine relative „Alphabetisiertheit" aufweisen können (Panagiotopoulou 2001, S. 58).

Anderorts heißt es: „Die Gruppe der funktionalen Analphabeten ist weder leicht zugänglich noch homogen" (Schneider/Gintzel/Wagner 2008, S. 31). Hingegen: „Personen ohne jegliche Schriftsprachkenntnisse werden als totale Analphabeten bezeichnet. Diese Form des Analphabetismus tritt überwiegend in sogenannten Entwicklungsländern auf" (Linde 2007, S. 92).

ZUR REFLEXION

Wie unterscheiden sich die Begriffe „Analphabetismus" und „funktionaler Analphabetismus"?

Worin liegt die Schwierigkeit, eine allgemein akzeptierte Definition für das Phänomen des funktionalen Analphabetismus zu finden?

Wie hängen funktionaler Analphabetismus und soziale Exklusion zusammen? Benennen Sie Beispiele.

2. Prospektive Aspekte

2.1 Relationalität

Als ein generelles Merkmal des funktionalen Analphabetismus findet man in der Literatur festgehalten, dass es sich hierbei um ein zeit- oder ortsunabhängiges Phänomen handelt. Im Unterschied zu medizinischen oder linguistischen Annahmen genereller literaler Defizite und ebenso in Abgrenzung zu ökonomischen oder pädagogischen Universalismen spricht man beim funktionalen Analphabetismus von einem „dynamischen Begriffsverständnis" (Steuten/Korfkamp 2004, S. 30), das heißt von einer terminologischen Dynamik, die man im Wesentlichen vom Attribut „funktional" ausgehen sieht.

Es besteht offensichtlich eine Reibung zwischen dem relativen Begriff des „Funktionalen" und dem recht apodiktisch wirkenden Begriff des „Analphabetismus". Während der letztere ein Entweder-Oder nahezulegen scheint, wird eine „funktional" attribuierte Illiteralität mit spezifischen gesellschaftlichen Erwartungen verknüpft: Die schreibenden und lesenden Subjekte sollen nicht losgelöst von ihren jeweiligen gesellschaftlichen Verhältnissen betrachtet werden, das heißt ihre schriftsprachlichen Fertigkeiten werden mit verschiedenen kulturellen Kontexten und Umgangsformen in Verbindung gebracht. Eine solche kulturtheoretische Fassung wird bereits durch die Rede von „illiteracy" befördert, doch scheint es auch noch dann notwendig zu sein, von „functional illiteracy" zu sprechen (vgl. Kamper 1994, S. 627).

> Als weiter Begriff wird zunehmend „Literalität" eingeführt. Dies ist zurückzuführen auf internationale Vergleichsstudien, in denen „Literacy" mit „Literalität" oder „Grundqualifikationen" übersetzt wird. Hier ist insbesondere auf die erste internationale Vergleichsstudie von Grundqualifikationen hinzuweisen, den „International Adult Literacy Survey" (IALS). (…) Literalität wird dabei als relatives Konzept verstanden, das erst im Verhältnis zu ökonomischen und gesellschaftlichen Bedürfnissen bedeutsam wird (Linde 2004, S. 28).

Da es verschiedene Formen von literaler Benachteiligung gibt – unabhängig von der Verwendung des Attributs „functional illiteracy" oder „illiteracy" –, wird in jedem Fall auf eine wesentliche Relationalität von schriftsprachlichen Schwächen Wert gelegt. Gegenüber universalistischen Ansätzen stellt man fest, dass die jeweils erforderlichen Lese- und Schreibfähigkeiten nur in einem kulturellen Kontext definiert werden können. Welcher Stand von Schriftsprachkompetenz erforderlich ist, damit sie nicht als „mangelhaft" gilt, ist nur unter den Anforderungen der jeweiligen (schriftkulturellen) Umgebung zu definieren. Literalität ist nicht abstrakt und auch keine „feste Größe". Der Analphabetismus ist deshalb als eine kulturabhängige und historisch wandelbare Größe zu definieren (vgl. Panagiotopoulou 2001, S. 61).

Dies bedeutet, dass die Bezugsgröße – also das, was als persönlicher Nutzen, als gesellschaftliche Erfordernisse, Notwendigkeiten, als Selbstverständliches oder Ähnliches angesehen wird – wie auch die Praxis der sozialen Wahrnehmung selbst einem beständigen historischen Wandel unterliegen (vgl. Steuten/Korfkamp 2004, S. 30). Entsprechend vermag es nicht zu verwundern, dass im Jahr 1912 die Zahl der Analphabeten in Deutschland mit 0,01 bis 0,02 Prozent angegeben wurde. Als alphabetisiert galt in dieser Zeit eine Person, die lediglich ihren Namen schreiben können musste. Heute würde ein mündiger Bürger, dessen schriftsprachliche Kenntnisse und Fertigkeiten allein auf die Signierfähigkeit begrenzt sind, wohl kaum als alphabetisiert gelten (vgl. ebd.).

In einer Gesellschaft, in der immer mehr Arbeitsplätze eine hohe und eine gut entwickelte Lese- und Schreibkompetenz voraussetzen, steigen die Ansprüche an Literalität. Das Niveau an Lese- und Schreibkompetenz, das heute für die Bewältigung des Arbeitslebens und des Alltags noch ausreicht, kann gegebenenfalls in einigen Jahren schon unzureichend sein – und würde somit in den Bereich des funktionalen Analphabetismus fallen (vgl. Nuissl 1999, S. 566).

2.2 Schriftsprache als soziales Phänomen

Es zeichnete sich in den bisherigen Erörterungen bereits ab, dass die Relationalität von literalen Benachteiligungen eng mit einem soziolinguistischen Verständnis der Schriftsprache verknüpft ist. Allgemein kann man zwischen eher technischen, formallinguistischen und eher soziokulturellen, funktionalen Sichtweisen auf literale Kompetenzen unterscheiden: Der funktionale Ansatz gilt als eine Alternative zur Behandlung der linguistischen Kompetenz (vgl. Trim u. a. 2001, S. 116).

Von *formallinguistischer* Warte aus gesehen, nimmt man zunächst das symbolische System selbst in den Blick und hält den literalen Gebrauch, das heißt die sozialen Funktionen von Lesen und Schreiben, für variabel. Von *funktionaler* Warte aus hingegen hält man das Symbolsystem für variabel und konzentriert sich zuerst auf kulturelle Systeme, auf bestimmte soziale Funktionen von Literalität. Während hier von sozialen Konstellationen ausgegangen wird, beispielsweise von einer bestimmten Unternehmenskultur, die sich mannigfacher literaler Formen bedient, wird dort von symbolischen Konstellationen ausgegangen, etwa von einer bestimmten Phonemregel, die sich dann in mannigfachen literalen Praxen äußern kann. In prägnanter Weise erläutert man diesbezüglich:

Beide Ansätze sind komplementäre Darstellungen der „doppelten Artikulation" von Sprache. Sprachen beruhen bekanntlich auf einer Organisation der Form und einer Organisation der Bedeutung. Die Kategorien beider Organisationsformen stehen in meist zufälliger Beziehung zueinander. Eine auf der Organisation der Ausdrucks*formen* basierende Sprachbeschreibung zersplittert die Bedeutung, und umgekehrt zersplittert die auf der Organisation der *Bedeutung* basierende Sprachbeschreibung die Form (ebd., Herv. d. Verf.).

Was die zweite Perspektive, also den funktionalen Ansatz betrifft, so stellt man fest, dass

vielen Praktikern der Weg von der Bedeutung zur Form vorteilhafter erscheint als die traditionelle Praxis, Lernprogressionen ausschließlich in formalen Kategorien zu organisieren. (…) Dort geht man nicht von Sprachformen und deren Bedeutungen aus, sondern von einer systematischen Klassifizierung kommunikativer Funktionen und semantischer Konzepte, die in allgemeine und in spezifische unterteilt werden, und befasst sich nur sekundär mit lexikalischen und grammatischen Formen als deren Exponenten (ebd.).

Und weiter gilt es zu bedenken:

Geht es um eine Einschätzung eines Betroffenen, sollte neben den Lese- und Schreibkenntnissen auch die individuelle Lebensgeschichte und die Selbstwahrnehmung berücksichtigt werden (Egloff 1997, S. 119).

Die Tendenz, schriftsprachliche Fertigkeiten als „sprachliche Handlungsfähigkeit" (Panagiotopoulou 2001, S. 56) zu begreifen, erhält vor allem von internationaler Seite Impulse. Sie ergibt sich aber auch als Konsequenz einer vorwiegend pädagogischen Betrachtungsweise. In internationaler Hinsicht rezipiert man in Deutschland vor allem die Definitionsvorschläge der UNESCO, die „keinerlei an der Schriftsprache orientierte substanzielle Kennzeichnung" (Wagner 2007, S. 97) vornehmen, sondern das Phänomen des funktionalen Analphabetismus von partizipatorischen Notwendigkeiten und Möglichkeiten her bestimmen. So konstatiert man:

Die geläufigste und im Kern bis heute faktisch unveränderte Definition des funktionalen Analphabetismus geht auf eine Begriffbestimmung der UNESCO aus dem Jahre 1962 zurück. Dort heißt es, funktionale Analphabeten sind „Menschen, die nicht hinreichend in der Lage sind, (1) an all den zielgerichteten Aktivitäten ihrer Gruppe und Gemeinschaft, bei denen Lesen und Schreiben erforderlich sind, sich zu beteiligen und (2) dies für ihre eigene Entwicklung und die ihrer Gemeinschaft nutzen können" (...). Die Begriffsbestimmung bietet – überraschenderweise – keinerlei an der Schriftsprache orientierte substanzielle Kennzeichnung. Hingegen verweist sie (1) auf eine Grenze, eine gesellschaftliche Mindestanforderung (...). Darüber hinaus deutet die UNESCO-Definition (2) auf Einschränkungen der Persönlichkeitsbildung hin (ebd.).

Von nationaler Seite entsprechen der funktionalen Sichtweise langjährige Erfahrungen in der Alphabetisierungsarbeit, denn im Bemühen um möglichst nachhaltige Lernleistung sah man sich mehr und mehr mit einem sozialen Komplex konfrontiert und unterstrich zunehmend eine „kulturell bedingte Benachteiligung" (Panagiotopoulou 2001, S. 62) der Kursteilnehmenden, auch deswegen, weil in den „1990er Jahren die Qualität der Alphabetisierungsarbeit in Frage gestellt" (ebd., S. 84) wurde. So entstand von pädagogischer Seite aus ebenfalls die Tendenz, schriftsprachliche Fertigkeiten weniger an einem abstrakten Wissen, als vielmehr an einem wirklichen Können festzumachen. Entsprechend wird in der jüngsten Diskussion weniger von „Analphabeten" als von „Illiteraten" gesprochen: „Die Frage heißt danach nicht mehr: Wer kann *nicht* lesen und schreiben?, sondern: Wie *gut* können die Menschen lesen und schreiben?" (Nuissl 1999, S. 551).

Heutzutage tritt man dafür ein, literale Benachteiligung in größeren bildungspolitischen und bildungstheoretischen Zusammenhängen zu betrachten. Denn obwohl von internationaler Seite schon längst für eine „Verschiebung des Akzents von den technischen Aspekten des Lesens und Schreibens über die funktionalen hin zu sozialen Gesichtspunkten" (Romberg 1993, S. 27) plädiert wird, findet in Deutschland zu wenig theoretische sowie praktische Beachtung, dass „Schriftsprache (...) wie die gesprochene Sprache, erworben und auch verwendet wird" (Panagiotopoulou 2001, S. 79).

In Zukunft will man sich vor allem auf den „Zusammenhang von Schriftsprachkompetenzerwerb und Lernfähigkeit" (Wagner 2007, S. 98) konzentrieren, damit die Gruppe der Illiteraten nicht mehr nur als schriftlose Minderheit, sondern in einem viel weiteren Sinne als eine „schweigende Minderheit" in den Blickpunkt gerückt wird (vgl. Panagiotopoulou 2001, S. 63). In diesem Sinne wird herausgestellt, dass der funktionale Analphabetismus nicht als ein isoliertes Problem, sondern ähnlich wie das Problem der Langzeitarbeitslosigkeit in einen größeren bildungspolitischen Zusammenhang einzuordnen ist (vgl. Tröster 2000, S. 12).

Alphabetisierung zielt auf eine Verbesserung aller Lebensbereiche. Die Teilhabe am gesellschaftlichen Leben soll gefördert und die Lebensqualität auch des einzelnen Menschen verbessert werden (vgl. Wagner/Gintzel 2007, S. 75). Mit der Kontextualisierung von schriftsprachlichen Fertigkeiten wird sich abgehoben von einem herkömmlichen Verständnis, wonach Literalität vor allem unabhängig von ihrem gesellschaftlichen Gebrauchswert zu schätzen ist, nämlich als allgemeines Reflexionsmedium, das es erlaubt, soziale Partizipationsmöglichkeiten und -notwendigkeiten in prinzipieller Weise einzuschätzen. Laut dieser eher traditionellen Betrachtungsweise bedeuten literale Defizite zuerst eine Beeinträchtigung der formalen Reflexionsfähigkeit, unabhängig davon, in welchem Kontext jeweils wie mit Schrift umgegangen wird. Zutreffend bezeichnet man dies als das sogenannte

> „autonome" Modell von Literalität, demzufolge Lesen und Schreiben grundlegende Voraussetzungen einer individuellen Aneignung von Wissensbeständen, eines abstrakten und kontextunabhängigen Denkens, eines rationalen und kritischen Bewusstseins sind (Nuissl 1999, S. 551).

Negativ heißt es entsprechend:

> Alphabetisierungskampagnen wie Medienschelte betrachten Lesen oft als wertvoll und erstrebenswert, ganz unabhängig davon, was eigentlich gelesen wird. Oder es wird als eine Art neutraler Technik behandelt – als hätte die Vermittlung der entsprechenden Fähigkeit nichts damit zu tun, was anschließend gelesen wird: verdummender und brutaler Schund oder Texte, die für ein gutes Leben interessante und wichtige Informationen und Sichtweisen anbieten. Solcherart „Wertefreiheit" hat eine lange und schlechte Tradition in der Wissenschaft der Neuzeit. Seit einigen Jahren wird auch Kreativität wie ein Wert an sich gefördert – ohne Bezug darauf, dass keineswegs jede Erneuerung, Entwicklung oder Erfindung wünschenswert ist (Kamper 2004, S. 25 f.).

Wie bereits erwähnt, versucht man im deutschen Sprachraum von vornherein den Begriff der Literalität ausschließlich im Sinne eines soziokulturellen Modells von Schriftsprache zu etablieren. Mittlerweile schlägt man sogar vor, zwischen dem griechisch-deutschen, tendenziell engeren Begriff „Alphabetismus" und dem lateinisch-englischen, tendenziell weiteren Begriff „literacy" in einer ergänzenden Weise zu unterscheiden. So ließe sich mit dem lateinischen, „auf soziale Praxis hin orientierten Begriff" (Nuissl 1999, S. 551) zum Ausdruck bringen, dass ein technisch einwandfreier Umgang mit Schrift noch keine funktionale Beherrschung derselben garantiert.

Entsprechend ließe sich mit dem griechischen Begriff dann darauf hinweisen, dass ein funktionaler Umgang mit Schrift auch dort existieren kann, wo keine oder nur geringe technische Fertigkeiten vorhanden sind: Ein gewisser Analphabetismus bedeutet noch keine Illiteralität. In ergänzender Weise führt man aus, dass Schriftlichkeit oder Literalität die sogenannte „Alphabetisiertheit" voraussetzen. Schriftlichkeit meint das (schrift)sprachliche Handeln der in einer Schriftkultur eingebundenen Individuen. Der Begriff unterstreicht die aktive Teilhabe der Menschen an Schriftlichkeitsprozessen innerhalb der literalen Gesellschaft, in der sie leben (vgl. Panagiotopoulou 2001, S. 56).

Dabei wird Lesen nicht mehr als etwas betrachtet, was bloß durch Lehrer hervorgerufen wird. Vielmehr wird Lesen als ein komplexer, konstruktiver Prozess verstanden, bei dem Einzelpersonen Bedeutung herstellen. Lesen ist somit ein mehrfach kontextualisierter Prozess. Entsprechend ist Literalität nicht mehr als unabhängiger, isolierter Vorgang zu begreifen. Literalitätsvorgänge werden durch multiple soziale Praktiken, in die sie situiert sind, beeinflusst (vgl. Solstad Rustad 2007, S. 110).

> Das Alphabet umfaßt ja nicht das gesamte Spektrum der Möglichkeiten, sich mit Sprache zu beschäftigen. Alphabetisierung ist daher eigentlich nicht die Beschäftigung mit den Wörtern, sondern die Beschäftigung mit den *verschriftlichten* Wörtern (Nuissl 1999, S. 562, Herv. d. Verf.).

In diesem Zusammenhang ist bemerkenswert, dass die deutsche Sprache sehr präzise zwischen Schriftlichkeit und Alphabetisiertheit unterscheidet. In der englischsprachigen Literatur steht der Oberbegriff „literacy" sowohl für Alphabetisiertheit als auch für Schriftlichkeit beziehungsweise Literalität. Begriffliche Unterscheidungsversuche werden jedoch auch im Englischen unternommen. Es wird z. B. von „technical skills of literacy" und von „socio-cultural aspects of literacy" gesprochen (vgl. Panagiotopoulou 2001, S. 5).

2.3 Objektive Benachteiligung

Die Rede von Benachteiligung orientiert sich hier weiterhin an der Rede von Behinderung im Sinne des aktuellen deutschen Rechts, welches feststellt:

> Menschen sind behindert, wenn ihre körperliche Funktion, geistige Fähigkeit oder seelische Gesundheit mit hoher Wahrscheinlichkeit länger als sechs Monate von dem für das Lebensalter typischen Zustand abweichen und daher ihre Teilhabe am Leben in der Gesellschaft beeinträchtigt ist. Sie sind von Behinderung bedroht, wenn die Beeinträchtigung zu erwarten ist (Sozialgesetzbuch IX, § 2, Abs. 1).

Mit dem Attribut des „Funktionalen" wird nicht allein das schriftsprachliche Können in gesellschaftlichen Zusammenhängen betont und sich von der Vorstellung eines wissensbasierten, bloß reflexiven Schriftsprachmodells abgewendet. Mit der soziokulturellen Sichtweise kommt zudem ein bestimmtes Verständnis dessen zum Tragen, was man allgemein unter Benachteiligung versteht. Parallel zum gegenwärtigen Paradigma in der Rehabilitationspädagogik versucht man mit dem Leitbegriff des funktionalen Analphabetismus auch der „Gefahr einer Individualisierung des Problems" (Panagiotopoulou

2001, S. 64) zu begegnen und literale Benachteiligungen in erster Line kontextbezogen und variabel zu beschreiben. Die Benachteiligung soll nicht aus den gesellschaftlichen Verhältnissen herausgelöst und auf einzelne Individuen kapriziert werden, sondern in Hinblick auf gesellschaftliche Teilhabe beziehungsweise einer allgemeinen Exklusionstendenz begriffen werden.

So kritisiert man am Konzept der sogenannten Teilleistungsstörungen, dass in den Teilleistungsansätzen von bestimmten Kindern ausgegangen wird, die unabhängig von schulischen Bedingungen, in denen sie Lesen und Schreiben lernen, Schwierigkeiten entwickeln. Und dies geschieht ganz unabhängig von pädagogischen und didaktischen Bedingungen, unter denen der Prozess des Schriftspracherwerbs stattfindet, und auch unabhängig von der Auseinandersetzung des jeweiligen Kindes mit diesen Bedingungen. Es handelt sich dann nicht nur um die Suche nach „Risiko-Faktoren", sondern auch um die Suche nach „Risiko-Kindern". In diesem Zusammenhang wurde angemerkt, dass im Rahmen der aktuellen Ursachenforschung die Schule sogar schon vor der Schule entlastet werde, indem einzelne Kinder als „Defekt-Träger" begriffen werden (vgl. ebd., S. 105 f.).

Die individuellen Faktoren sollen nicht nur das schulische Versagen und den Analphabetismus erklären. Darüber hinaus soll erklärt werden, warum nicht alle Kinder der „sozialen Grundschicht" in der Schule versagen und warum nicht alle Kinder einer Familie aus schlechten sozioökonomischen Verhältnissen und aus einem schriftentfernten Milieu Analphabeten werden (vgl. ebd., S. 117).

Im Sinne einer allgemeinen „*Revision paradigmatischer Annahmen* in der *Behindertenpädagogik*" (Antor/Bleidick 2001, S. 194, Herv. d. Verf.), die die sogenannte „defektologische Orientierung (…) zugunsten einer sozialaktiven Einstellung revidiert" (ebd., S. 59) hat, versucht man auch literale Benachteiligungen an gesellschaftliche Kontexte zu binden beziehungsweise die Handlungspotenz der sogenannten Betroffenen zu unterstreichen. Also auch in dieser Hinsicht bezieht man sich auf den Kontext, der sich auf „pädagogische, außerschulische, familiäre und soziale Kontexte von Literalität bezieht" (Solstad Rustad 2007, S. 118). Der Analphabetismus und seine komplementären Begriffe sind soziohistorisch also relativ und soziopolitisch aufgeladen. Die soziale Bedeutung von Lesen- und Schreibenkönnen beziehungsweise auch -nichtkönnen ist folglich nicht gleichzusetzen mit der individuellen Schriftsprachfähigkeit (vgl. Linde 2004, S. 27). In diesem Verständnis steht der Analphabetismus nicht für Mängel oder Defekte der Betroffenen, sondern umfasst eine komplexe, soziokulturell bedingte Benachteiligung (vgl. Panagiotopoulou 2001, S. 67).

Man fasst den funktionalen Analphabetismus folglich als sogenannte „soziale Behinderung auf, d.h. die Betroffenen entsprechen nicht den gesellschaftlichen Minimalanforderungen" (Müller 1982, S. 3). Und bei den Betroffenen handelt es sich wortwörtlich „weniger um Menschen, die behindert sind, als vielmehr um solche, die aus

den verschiedenen Gründen behindert wurden" (Huck/Schäfer 1991, S. 32). Gleicher-
maßen ist es zurzeit ein rehabilitationspädagogischer Gemeinplatz, dass eine

> Behinderung nicht in erster Line eine Eigenschaft des Individuums als vielmehr ein
> Etikett ist, das von kulturellen Erwartungshaltungen sowie den Institutionen sozialer
> Kontrolle zugeschrieben wird: der Grad der Behinderung durch das Versorgungsamt,
> der sonderpädagogische Förderbedarf durch die Schulverwaltung und der Status einer
> beruflichen Behinderung durch die Arbeitsverwaltung (Antor/Bleidick 2001, S. 59).

Daher fordert man eine Abkehr vom medizinischen und statisch gedachten Begriff der
Behinderung. Stattdessen wird Behinderung als ein Ergebnis sprachlich vermittelter Zuschreibung und als Prozess gefährdeter Identitätsbildung begriffen (vgl. ebd., S. 194).
Entsprechend stellt auch der Analphabetismus eine soziale Behinderung dar, denn Analphabeten entsprechen nicht den gesellschaftlichen Minimalanforderungen. Sichtbar
wird das vor allem in Situationen, in denen Lesen und Schreiben erforderlich sind – man
denke beispielsweise an die Arbeitssuche (Formulare ausfüllen, Bewerbungen schreiben), den Arbeitsplatz (Lieferzettel ausfüllen, Stundenzettel schreiben, Reparaturzettel
erstellen, Gespräche mit Kolleg/inn/en über Artikel), an Einkäufe, Kinobesuche, Essen-
gehen etc. (vgl. Müller 1982, S. 7).
    Man beschreibt den funktionalen Analphabetismus nicht nur in bestimmten Kontex-
ten, entfaltet ihn in vielfältigen Äußerungen, sondern versucht zudem, ihn aus verschiedenen Kontexten herzuleiten. Die Bedeutungsoffenheit dessen, was man unter einem
literalen Kontext versteht, ergibt sich auch mit Blick auf die Ursachen. Diesbezüglich
spricht man von einem sogenannten „multikausalen Zusammenhang verschiedenster
Faktoren" (Romberg 1993, S. 31). Diverse Untersuchungen zur Frage des Entstehens
von Illiterität hatten zum Ergebnis, dass „es *den typischen* Weg in die Illiteralität nicht
gibt. In der Regel sind weder isolierbare Faktoren noch Einzelerlebnisse auslösend"
(Nuissl 1999, S. 551 f., Herv. d. Verf.).
    Zunehmend lässt sich feststellen, dass gravierende literale Schwächen aus diver-
sen äußeren Benachteiligungen resultieren können, was ihre pädagogische Bedeutung
relativiert, da sie weniger schwerwiegende Folgen haben, als vielmehr selbst aus gravierender Benachteiligung folgen. Die Entwicklung des funktionalen Analphabetismus
scheint dann durch ein weitverzweigtes Netz dysfunktionaler Kontexte, etwa durch eine
„desolate soziökonomische Situation" (Egloff 1997, S. 132) bedingt zu sein, wobei es
schwerfällt, einen Strang der Abhängigkeitsgeflechte isoliert zu betrachten. Etwa wird
festgestellt:

> Es ist unbestreitbar, daß die Problemstellung der Illiterarität eine Frage des Kontextes ist.
> Daß Armut zumindest ein Element dieses Kontextes ist (d.h. wenn jemand arm ist, sind

die Chancen größer, daß Illiterarität für ihn/sie ein Problem wird), ist ebenso unbestreitbar. Diese Wahrheiten sind jedoch auch drastische Vereinfachungen. Illiterarität (und das gilt ebenso für Literarität) bezieht ihre Wertigkeit aus einer komplexen Konstellation von Faktoren, die für einen spezifischen sozialen Kontext charakteristisch sind. Diese Konstellation kann einfach als die Literaritätskultur der Gruppe bezeichnet werden (Smith 1991, S. 55).

Literale Benachteiligung wird durch ihre Ableitungen aus multifaktoriellen Kontexten offensichtlich weitgehend entproblematisiert: Zum einen ist sie selbst nicht das wesentliche Problem, zum zweiten variiert sie mit den gesellschaftlichen Feldern und zum dritten ist ihr Entstehen wegen der komplexen Abhängigkeitsverhältnisse ebenso möglich wie ihr Ausbleiben, was schließlich also auch bedeuten kann, dass sie kontextübergreifend gar nicht zu behaupten ist. Sie scheint an bestimmte Kontexte und die dort herrschenden Verhältnisse gebunden zu sein. Zum Beispiel steht nach wie vor infrage, ob familiären Kontexten, insbesondere der Einfluss einer sogenannten „Leidensbiographie der Eltern" (Egloff 1997, S. 131), die eine „Gleichgültigkeit und negative Zuschreibung seitens des Elternhauses" (ebd., S. 138) zur Folge haben kann, eine maßgebliche Bedeutung für die Entwicklung von funktionalem Analphabetismus beizumessen ist oder nicht. Denn man hat festgestellt, dass Illiteralität als solche unter bestimmten Bedingungen kein Problem darstellt. Die Ursachen der Illiteralität sind vielfältig, oft eher Resultate oder Symptome sozialer und wirtschaftlicher Ausgrenzung als selbst Ursache der Ausgrenzung (vgl. Smith 1991, S. 65). Was speziell familiäre Kontexte anbelangt, so wurde jüngst konstatiert:

> Die Rolle des Bildungsniveaus der Eltern in Bezug auf funktionalen Analphabetismus ist ungeklärt. (…) Letztlich überrascht dies nicht, denn in der Mehrzahl der von uns analysierten Fälle ist der funktionale Analphabet der einzige Analphabet in der Familie. Mit Sicherheit besteht ein Zusammenhang zwischen Milieuzugehörigkeit und Bildung, aber es besteht auf dem niedrigen Niveau der Alphabetisierung keine sichere Abhängigkeit (Wagner 2007, S. 104).

Dem lässt sich entgegenhalten, dass immer wieder auch ungünstige familiäre Bedingungen, unter denen die heutigen Analphabeten aufwuchsen, als sehr wichtige Faktoren schulischer Leistungsentwicklung hervorgehoben worden sind. Fast in jeder Biographie eines Analphabeten finden sich ungünstige Faktoren wie hohe Kinderzahl, räumliche Enge, finanzielle Misere, Kinderarbeit, Alkoholismus usw. Aufgrund einer schlechten sozialen Lage können Kinder mit Lernschwierigkeiten und sogar mit Nichtlernen reagieren (vgl. Panagiotopoulou 2001, S. 115).

Mit einem eher objektiven Begriff von „literaler Benachteiligung" wird sich in jedem Fall von psychologischen Ansätzen abgekehrt. Das Gleiche gilt von Ansätzen, die in erster Linie die betreffenden Personen selbst in der Verantwortung sehen und damit tendenziell pathologisieren. Literale Benachteiligung soll nicht mit einzelnen Individuen, sondern mit ihren gesellschaftlichen Umständen, mit ihren sozialen Konstellationen in Verbindung gebracht werden. Die Individuen erscheinen dann weniger befangen als vielmehr *betroffen*, nämlich von einer Literalität, die gesellschaftliche Verhältnisse weniger überschreitet als vielmehr repräsentiert. In diesem Sinne heißt es, dass in einer Gesellschaft, die über eine Schriftkultur verfügt, die Behauptung, dass Menschen sich „freiwillig" soziokulturell ausgliedern, nicht überzeugend sein kann (vgl. Panagiotopoulou 2001, S. 79f.). Unterdessen aber wird von empirischer Seite festgehalten, dass die Frage, ob der funktionale Analphabetismus in erster Linie von individuellen Defiziten oder von sozialen beziehungsweise gesellschaftlichen Gegebenheiten verursacht wird, noch ungeklärt ist (vgl. Hannich u. a. 2006, S. 3).

Wird überdies die Relationalität von literalen Ansprüchen geltend gemacht, lässt sich die objektive, das Individuum selbst entlastende Perspektive auch derart zuspitzen, dass an eine pädagogische Fürsorge kaum noch zu denken ist. Anzunehmen sind in dem Fall dann bloß noch mannigfache literale Anforderungen in einer wiederum mannigfach differenzierten Gesellschaft, welche sich eben aus mannigfach verschiedenen Individuen zusammensetzt. Auf diese Weise unterstellt man den Individuen keine generellen literalen Defizite, sondern verteilt sie bloß auf unterschiedliche, jeweils berechtigte literale Funktionsfelder. Von pädagogischer Warte aus und insbesondere unter dem demokratischen Gesichtspunkt bürgerlicher Gleichheit wiederum kann die Abwendung von pathologischen Auffassungen letztlich zu einem rein technischen Verständnis von Illiteralität führen, zu einem formal und eng gehaltenen Begriff von literaler Benachteiligung, bei gleichzeitiger Betonung von anderen persönlichen, kommunikativen oder sozialen Benachteiligungen. So lässt sich rückblickend zusammenfassen:

> Die eine Position sah im Extremfall die Illiteraten als Menschen, die sich in nichts von anderen unterscheiden, die über sämtliche – auch kommunikativen und sprachlichen – Fähigkeiten genau so verfügten wie andere auch – mit der einen Ausnahme der schriftlichen Form der Sprache, der Kulturtechnik des Lesens und Schreibens. Entsprechend war Deutschunterricht für Erwachsene die Antwort. Im anderen Extrem wurden die Illiteraten als kranke Menschen gesehen, Analphabetismus als Persönlichkeitsstörung, als seelisches Leiden oder als Symptom eines solchen (Kamper 1994, S. 631f).

Nun gilt es zu bedenken, dass individuelle Zuschreibungen von literalen Schwächen durchaus Handlungsmöglichkeiten eröffnen können, nämlich insoweit, als die betreffenden Personen in der Lage sind, sich ihrer Befindlichkeit zu bemächtigen. Solange keine unheilbaren Persönlichkeitsstörungen unterstellt werden, kann es für Benachteiligte durchaus motivierend sein, davon auszugehen, nicht in komplexe äußere Abhängigkeiten verstrickt zu sein. Umgekehrt muss ein objektiver Begriff von literaler Benachteiligung die davon betroffenen Personen auch nicht unbedingt entlasten, sondern er birgt die Gefahr, sie in ein dichtes Geflecht äußerer Widrigkeiten zu verstricken und mithin einer individuellen Ohnmacht gegenüber sozialen Konstrukten das Wort zu reden.

2.4 Konzentrierung und Marginalisierung

Auf den ersten Blick macht es den Eindruck, als würde das Phänomen des funktionalen Analphabetismus durch eine soziolinguistische und objektive Fassung eine theoretische und praktische Aufwertung erfahren. Schließlich zeigt man damit an, dass die literale Benachteiligung von Erwachsenen stets an gesellschaftliche Umstände geknüpft ist, dass die Betroffenen nicht nur etwas nicht wissen und können, sondern dass dieses Nichtwissen und Nichtkönnen innerhalb von schriftsprachlich geprägten Gesellschaften auch Konsequenzen hat, also dass funktionale Analphabeten vom sozialen Leben maßgeblich ausgeschlossen sind oder eben davon ausgeschlossen werden. Mit dem soziolinguistischen Paradigma korrespondiert zumeist auch die Annahme, dass herrschende gesellschaftliche Verhältnisse literal durchdrungen sind. Den sozialen Umgangsformen der Literalität entspricht in dem Fall dann die literale Prägung der Sozialität. In diese Richtung zielt man auch von pädagogischer Warte aus, denn die Kontextualisierung des Analphabetismus „basiert (…) auf Erfahrungen und Beobachtungen im Rahmen der Alphabetisierungspraxis" (Panagiotopoulou 2001, S. 59). Der funktionale Analphabetismus wird hier nicht nur als eine Teilleistungsstörung, sondern vielmehr als ein zentraler Gegenstand von „Grundbildung" (Tröster 2000, S. 18) betrachtet.

Wie nun hinter der funktionalen Fassung von Literalität eine bestimmte linguistische Theorie und hinter der Annahme literal geprägter Sozialität eine bestimmte soziologische Theorie steht, so steht auch hinter der Alphabetisierung im Rahmen von Grundbildung eine bestimmte Auffassung von Bildung. Dass aber diese dreifache Dimensionierung der Illiteralität mit komplexen Gesellschafts- und Bildungsprozessen nicht unbedingt eine theoretische und praktische Aufwertung zur Folge haben muss, sondern auch zu ihrer Marginalisierung führen kann, lässt sich jetzt, in Ergänzung bisheriger Ausführungen, nur mehr in pädagogischer Hinsicht anreißen. Vor allem angesichts allgemeiner Kompetenzmessungen sowie der Rede vom „lifelong learning" ist darauf aufmerksam zu machen, dass das Phänomen des funktionalen Analphabetismus zu einem randständigen Fall eines allgemeinen Bildungsnotstands zu werden droht.

Was die Implikationen des zur Rede stehenden Bildungsbegriffs anbelangt, so verbindet man mit ihm herkömmlich nicht nur gesellschaftlichen Nutzen, sondern stets auch individuelle Integrität. Prozesse der Bildung finden nicht nur auf gesellschaftliches

Geheiß, sondern wesentlich auch auf Betreiben des Einzelnen hin statt. Überdies setzt Bildung beide Aspekte, ein nützliches und integres Vermögen, in gewisser Weise immer schon voraus, denn es wird bereits während der Erziehungszeit dafür gesorgt, dass die Heranwachsenden ein für Bildungsprozesse notwendiges Wissen, Können und Selbstvertrauen entwickeln: „Erzogen" werden vor allem Kinder und „gebildet" werden vor allem Erwachsene.

Mit der Rede von „Grundbildung" wird momentan versucht, darauf hinzuweisen, dass Bildungsprozesse im Erwachsenenalter durchaus voraussetzungsvoll sind. Lern- und Erfahrungsprozesse sind demzufolge mitnichten immer möglich, sondern erst dann, wenn ein bestimmtes Grundniveau an Wissen, Können und Integrität erreicht ist. Einerseits also tendiert die Rede von einer Grundbildung zu einer herkömmlichen Bedeutung von Erziehung und folglich auch zu einer Infantilisierung der Erwachsenen, andererseits weist sie zu Recht darauf hin, dass nicht einfach von gelungenen Erziehungsprozessen oder bestehenden Bildungsmöglichkeiten auszugehen ist und rückt somit die Unzulänglichkeiten von Erziehung und die Bedingtheit von Bildung in den Blick.

Was speziell die Alphabetisierungsarbeit im Rahmen von Grundbildung betrifft, so verbindet sich hiermit der Anspruch, nicht bloß technische Fertigkeiten zu vermitteln, sondern darüber hinaus soziale und persönliche Kompetenzen auszubilden. Es geht um die Verfolgung von vielfältigen Bildungszielen, die sich mit Literalität in Verbindung bringen lassen. Gemäß des soziolinguistischen Paradigmas beziehungsweise der Annahme von literal geprägten Sozialverhältnissen begreift man den funktionalen Analphabetismus als ausgreifende soziokulturell bedingte Benachteiligung (vgl. Panagiotopoulou 2001, S. 87).

Vor allem pädagogische Praktiker haben erkannt, dass

> Alphabetisiertheit keine hinreichende Voraussetzung ist, um schriftsprachlich handeln zu können und somit zu einer Schriftkultur Zugang zu finden. Dies muß sowohl im Rahmen der Alphabetisierungspraxis von Erwachsenen eingesehen werden als auch in Bezug auf die schulische Praxis, d.h. in Bezug auf den praktizierten Lese- und Schreibunterricht (ebd., S. 84).

Festzuhalten ist weiterhin, dass der Mangel an Schriftlichkeit beziehungsweise der fehlende Zugang zur Schriftkultur zur „Sprachlosigkeit" im Rahmen einer schriftlichen Gesellschaft führen kann und als eine soziokulturell bedingte Benachteilung beziehungsweise „Behinderung" zu interpretieren ist (vgl. ebd., S. 87).

Eine treffliche Verbindung von Illiteralität und mangelnder Grundbildung ist aber kein Garant dafür, dass jene in Theorie und Praxis mehr zur Geltung kommt; eine solche Tragweite kann auch dazu führen, dass der funktionale Analphabetismus nur am Rand von großen gesamtgesellschaftlichen Bildungsbedürfnissen, sozusagen als Fußnote breit angelegter Kompetenzmessungen, erscheint. Auch wenn man sich von der soziolinguistischen und bildungstheoretischen Perspektiverweiterung eine angemessenere Würdigung und Behandlung der Illiteralität verspricht, und auch bei aller Berechtigung, die Betroffene haben, in ihrer sozialen und persönlichen Komplexität ernst genommen zu werden, man riskiert doch, geradezu das Gegenteil zu erreichen, indem man die betreffenden Menschen angesichts der allgemeinen Bildungsbandbreite noch rudimentärer und ärmer beschreibt als zuvor.

Durchaus erst *weil* davon gesprochen wird, wie viele Kompetenzen sich mit Literalität verbinden und was ohne Schrift im öffentlichen und privaten Leben eigentlich alles schlecht oder gar nicht funktionieren kann, erscheinen die Probleme, mit denen illiterate Menschen zu kämpfen haben, richtig kompliziert und dramatisch. Nur ansatzweise findet man bislang kommuniziert, dass eine soziolinguistische und bildungstheoretische Fassung der Illiteralität nicht unbedingt zum pädagogischen Vorteil gereichen muss. In politischer Hinsicht immerhin gibt man etwa zu bedenken: Die wohl beträchtliche

> Größenordnung mangelnder Literalität und Grundqualifikationen deutet zwar auf ein gravierendes bildungspolitisches Problem hin, gleichzeitig führt sie gegenwärtig allerdings eher dazu, dass die Gruppe der tatsächlichen funktionalen Analphabeten aus dem Blickfeld bildungspolitischer Aktivitäten verschwindet. Die aktuelle Tendenz ist, von unzureichenden Grundqualifikationen zu sprechen und den funktionalen Analphabetismus nicht zu erwähnen (Tröster 2000, S. 14).

Und analytisch wird in diesem Zusammenhang festgestellt:

> Durch die Dynamisierung des Konzepts und die Betonung der individuellen Anteile (Eigenaktivität, persönliche Fähigkeiten) gerät der Begriff Grundbildung viel deutlicher in ein gesamtgesellschaftliches Spannungsfeld, als dies beim hergebrachten Begriff Alphabetisierung der Fall ist. Dabei stehen sich unterschiedliche gesellschaftliche Gruppen (solche der Wirtschaft und des Staates) mit ihren jeweiligen Sichtweisen und Ansprüchen und die Individuen gegenüber, die Wünsche, Bedürfnisse, Forderungen an diese gesellschaftlichen Gruppen herantragen (…). Grundbildung wird damit zu einem deutlich relationalen Begriff: Er bestimmt sich aus einer Perspektive und in Bezug auf bestimmte Ansprüche. Daraus resultiert, dass seine Definition abhängig ist von der gewählten Perspektive und vom gewählten Bezug. Die normative Verbindlichkeit eines Begriffs ist durch eine Vielfalt ersetzt (ebd., S. 18).

Man gelangt dann, methodisch gewendet, zu dem Problem, dass die Bedeutung der Schriftsprachkompetenz zunimmt, wenngleich ihr Vorhandensein oder Wirken nicht durch das Vorhandensein an Wissensbeständen abgefragt werden kann. Bei der Messung von Mindestnormen muss eine Möglichkeit gefunden werden, dies in empirisch nachprüfbarer Weise zu erledigen, um valide Ergebnisse zu erhalten (vgl. Wagner 2007, S. 97).

Allerdings muss der Bezug zu soziolinguistischen Modellen im Namen von „illiteracy" oder zu pädagogischen Vorstellungen von sogenannter „Bildungsarmut" nicht unbedingt zu einer Marginalisierung des funktionalen Analphabetismus führen. Wie bereits ausgeführt, kann es in seinem Namen und in der gleichen Logik auch zu einer nicht minder unangemessenen Konzentration an soziokultureller Inkompetenz oder Ungebildetheit kommen. Der Zusammenhang von sozialer und persönlicher Misere wird in dem Fall quasi vom Rand aus gedacht, die literale Benachteiligung erscheint nun als eine prekäre Schnittstelle beziehungsweise als pädagogische Schaltstelle, von der persönliche, soziale und ökonomische Entwicklungen maßgeblich abhängen. Obwohl funktionale Analphabeten kaum soziale Schnittmengen bilden, betrachtet man sie insgesamt als ein sogenanntes „Prekariat" und stellt allgemein auf eine zunehmende literale Strukturierung der Welt- und Selbstverhältnisse ab. Gegen eine solche Argumentation steht wiederum an, dass literale Kompetenzen noch keine gesellschaftliche Partizipation und erst recht keine persönliche Integrität garantieren, sowenig wie öffentliche oder private Misserfolge per se etwas mit literaler Inkompetenz zu tun haben müssen. Literale Versiertheit scheint nur partiell mit dem Wissen und Können sowie der Integrität einer Person zusammenzuhängen und offensichtlich überschätzt man sie als leitende Maßgabe gesellschaftlicher und individueller Wertsteigerung. Nicht nur in historischer Perspektive warnt man:

> Die Unterscheidung von Analphabetismus und Alphabetentum kann (…) irreführend sein, wenn man pauschal unter Analphabetentum Ausschluß von der Bildung und unter Alphabetentum Einschluß in die Bildung versteht. Hier führt die moderne Unterscheidung in der englischen Forschung kaum weiter, Alphabetentum damit zu identifizieren, daß jemand mit seinem Namen unterschreiben kann, wahres Alphabetentum aber damit, daß jemand imstande ist, das geschriebene Wort als Mittel der Kommunikation zu verwenden (Engelsing 1973, S. X).

Zwar kann der Analphabet weder lesen noch schreiben. Aber auch wenn er es nicht kann, so nimmt der dennoch rezeptiv wie produktiv an der Kultur seiner Zeit teil. Er ist dabei keineswegs notwendig auf die volkstümlichen und mündlichen Überlieferungen von Liedern, Sagen, Märchen usw. beschränkt. Er kann z. B. durch Diktat von Texten, durch Anhören eines Vorlesers, durch Halten einer Rede oder Teilnahme an Schauspielen usw. auch an den modernen und komplizierten Formen der allgemeinen Literatur und sogar der Spezialliteratur teilhaben (vgl. ebd., S. X f.).

Zusammenfassend kann man hier festhalten, dass soziolinguistische und bildungstheoretische Perspektiverweiterungen das Risiko bergen, das Phänomen des funktionalen Analphabetismus angesichts mannigfacher Missstände zu marginalisieren. Beide unverhältnismäßigen Theoriezüge lassen sich in den gegenwärtigen Debatten ausmachen. So betont man etwa die Dringlichkeit von Alphabetisierungsmaßnahmen und verweist zugleich auf „large scale assessments", in denen gravierende literale Schwächen allenfalls am Rande erhoben werden. Oder es werden mit Literalität immer mehr Kompetenzen verbunden, die die Benachteiligungen der Betroffenen dann in den Hintergrund rücken.

ZUR REFLEXION

Benennen Sie mögliche Ursachen, die zur Entstehung des funktionalen Analphabetismus führen können.

Ist ein funktionaler Analphabet zugleich „sozial behindert"? Ist eine derartige soziale Etikettierung aus erwachsenenpädagogischer Sicht haltbar?

Welcher Begriff von Bildung wird hier verwendet? Wie verhält sich der Begriff „Grundbildung" zum klassischen Bildungsbegriff?

 Empirische Bestimmungen

3. Qualitative Aspekte

3.1 Allgemein

Um nach der Größenordnung des funktionalen Analphabetismus fragen zu können, ist es notwendig, möglichst präzise Definitionen zu erarbeiten. Die Identifikation der Zielgruppe ist dabei von außerordentlicher Relevanz:

> Im Rahmen der empirischen Sozialforschung stellt sich (...) das Problem der Definition als weitreichende (Vor-)Entscheidung dar. Definition bedeutet Einfriedung bzw. Abgrenzung und darauf aufbauend Benennung des Abgegrenzten. Positivistische Wissenschaft (...) muß diesen Weg einschlagen, um bezeichnen, beschreiben und messen zu können. Wer Zahlen will, kommt hieran nicht vorbei; man sollte also wissen, was man tut (Schneider/Gintzel/Wagner 2008, S. 32).

Wie im Vorherigen schon erörtert, lassen sich grob zwei Bestimmungsarten unterscheiden: ein eher funktional zu nennender Ansatz schlägt sich bereits im Zugangsbegriff nieder, und ein eher formallinguistischer Ansatz steht dem gegenüber. Während in jener Perspektive die Schriftsprache hauptsächlich als Kommunikations*form* analysiert und vorwiegend als mentale Struktur in Erwägung gezogen wird, erschließt man die Schriftsprache in funktionaler Weise vor allem über ihre *Bedeutung*sebene und verknüpft sie mit Handlungs- und Interaktionsaspekten. Allerdings sind die Übergänge zwischen soziokulturellen und textlichen Bedeutungen fließend. Die schriftsprachlichen Semantiken und Formen existieren nicht unabhängig von ihrem Gebrauch und die Verwendungsweisen von Texten oder Subtexten sind wiederum nicht unabhängig von ihren formellen und semantischen Strukturen.

3.2 Objektive und subjektive Dysfunktionalität

Im Gegensatz zum formallinguistischen Verständnis von Literalität, das auf schriftsprachliche Prinzipien abhebt, bemüht man sich in der funktionalen Perspektive um die Berücksichtigung einer Mannigfaltigkeit von schriftsprachlichen Praxen. Schriftsprache funktioniert demnach in verschiedenen praktischen Zusammenhängen jeweils anders, in den heterogenen literalen Bedeutungen spiegelt sich die Heterogenität der gesellschaftlichen Verhältnisse. Allerdings erschwert der variable, soziale Sinn eine empirische Erforschung der literalen Funktionen, insbesondere eine Messung von Illiteralität. Wenn in literaler Hinsicht etwas nicht funktioniert, so liegt dies nicht zuletzt an einer nur partiell einzuholenden „Eigendynamik" (Nuissl 1999, S. 552) kommunikativer Prozesse. Man kann sich dem Phänomen des funktionalen Analphabetismus folglich nur kontextbezogen und tendenziell kleinteilig nähern, seine Ausprägungen scheinen von den jeweiligen sozialen Kontexten abhängig und durch individuell erlebte Ausgrenzung bestimmt zu sein. Aufgrund der Heterogenität individueller Erfahrungen und gesellschaftlicher Ansprüche sucht man nach den Erscheinungsformen eines „empirisch unscharfen Phänomens" (Steuten/Korfkamp 2004, S. 30). Ob nun in qualitativer oder quantitativer Hinsicht bleibt dahingestellt – im Sinne des funktionalen Ansatzes hat man davon auszugehen, dass die Spannbreite zwischen den verschiedenen Kenntnissen und Fertigkeiten oft sehr groß ist. Die Übergänge sind fließend, klare Abgrenzungen zu finden ist schwierig (vgl. Egloff 1997, S. 119). Und ausführlich wird gefragt:

> *Lesefähigkeit* brauchen die verschiedenen Menschen wozu? – um Notizen und Arbeitsweisen zu entziffern? – um Lehrbücher über die chemische Reinigung oder über die verschiedenen Qualitäten von Kies für das Vorbereiten oder für praktisches Tun? – um die Berichte über Promis in der Fernsehzeitschrift zu überfliegen? – um die Kontoauszüge und Nachrichten der Bank zu dechiffrieren, von denen des Finanzamts oder des Elektrizitätswerks ganz zu schweigen? – um die Schlagworte auf Wahlplakaten oder die normalerweise nie eingehaltenen Wahlprogramme der verschiedenen Parteien zu lesen? – um dem interaktiven Fahrkartenautomaten das richte Ticket zu entlocken? – um Dantes „Göttliche Komödie" oder den letzen Bestseller zu lesen? – um etwas über die Welt oder das Leben zu verstehen oder um sich die Zeit zu vertreiben? – um sich im Zeichen- und Informationswirrwarr eines Bahnhofes oder Flughafens zurechtzufinden? – um sich auf den deutschsprachigen oder auch den englischsprachigen Seiten des world-wide-web Informationen zusammenzusuchen? – um sich im Rahmen von Forschungsarbeiten durch lange Literaturlisten hindurchzuarbeiten? usw., usf. *Schreibfähigkeit* brauchen die verschiedenen Menschen wozu? – um verschiedenste Arbeitsbelege auszufüllen? – um ihren Kindern bei den Hausaufgaben zu helfen oder eine Entschuldigung für die Schule zu schreiben? – um den Bestellzettel fürs Versandhaus oder auf der Post einen Paketzettel auszufüllen? – um verschiedene Prüfungsarbeiten von der Hausarbeit bis zur Dissertation zu verfassen? – um das Formular zur Arbeitslosenmeldung beim Arbeitsamt auszufüllen oder das Formular vor einer Impfung oder bei der Fremdenpolizei? – um Tagebücher oder andere Texte der Selbstvergewisserung zu schreiben? – um Gedichte zu schreiben? – um den Lieben oder auch der Hausverwaltung Briefe zu schicken? – um eine eigene web-site zu erstellen? usw. usf. (Kamper 2004, S. 24f., Herv. d. Verf.).

Derweil das formallinguistische Schriftsprachmodell auf allgemeine Prinzipien hinauszulaufen scheint, wird die Schriftsprache im Sinne des funktionalen Modells in unzähligen gesellschaftlichen Zusammenhängen betrachtet, sodass die literale Form sozusagen

„zersplittert" (Trim u. a. 2001, S. 116) wird. Hierdurch werden unzählige individuelle Freiräume behauptet.

Beide Schriftsprachmodelle verknüpfen sich jedoch mit gesellschaftlichen Vorstellungen: In funktionaler Perspektive muss die Gesellschaft nicht erst anhand eines sprachlichen Systems individualisiert werden, das sprachliche System scheint sich immer schon in gesellschaftlichen Feldern zu individualisieren. Und im Gegensatz zum sogenannten autonomen Schriftsprachmodell steht hier weniger die Heterogenität als vielmehr die Homogenität der Gesellschaft infrage. Man setzt keine geschlossene Gesellschaft voraus, man kennt keinen Zusammenhang, der literal irgendwie zu überschreiten wäre, stattdessen geht man von einer offenen Gesellschaft aus, die auch literal heterogen organisiert ist. Der Beobachtung entziehen sich weniger die gesellschaftlichen Individualisierungsformen als vielmehr die gesellschaftlichen Organisationsformen. Denn verschiedene Funktionen werden von verschiedene Personen in verschiedener Weise erfüllt oder eben nicht erfüllt.

Darum hat auch der Begriff des funktionalen Analphabetismus keine soziale Gruppe zum Gegenstand. Aus verschiedenen sozialen Funktionsbereichen resultieren unterschiedliche literale Benachteiligungen, die von einem Betroffenen zum nächsten verschieden ausgeprägt sind. Funktionale Analphabeten organisieren sich am ehesten in Alphabetisierungskursen, wo sie als Lernende für eine Weile eine soziale Schnittmenge bilden. Doch darüber hinaus bleibt jener Begriff abstrakt und fungiert eher als Folie zur Erfassung von Individuen, die ganz unterschiedlich organisiert sind. Man ist sich durchaus bewusst:

> Reale Gruppenbildung wird heutzutage in Deutschland *nicht durch* den Alphabetisierungsgrad von Menschen ausgelöst oder begründet. Anders gesagt: der Alphabetisierungsgrad führt zu keiner klar sichtbaren Trennlinie zwischen Menschen. (…) Es sind durch Schriftsprachkenntnisse keine deutlich voneinander abhebbaren, hierarchisch zueinander stehenden sozialen Gruppen auffindbar (Hannich u. a. 2006, S. 28, Herv. d. Verf.).

Der Diskurs um literale Benachteiligung ist unterdessen wesentlich von der Wahrnehmung verbindender Funktionszusammenhänge sowie entsprechend breit ausgeschlossener Personengruppen strukturiert, also von Aspekten, die sich nicht ohne Weiteres mit der Annahme von pluralen und dynamischen Gesellschaftsverhältnissen vereinbaren lassen. Dem auf empirische Differenzierung setzenden funktionalen Schriftsprachmodell scheint es tendenziell zu widersprechen, wenn über spezifische Ort- und Zeitpunkte hinweg soziale Einheiten und Ausschlüsse identifiziert werden. Je umfassender und abstrakter man nämlich derartige Inklusions- und Exklusionszusammenhänge annimmt, umso weniger lassen sie sich empirisch oder praktisch wenden. Man fordert daher im Allgemeinen eine

genaue Überprüfung der Vorstellung von Niveaus in einem Qualifikationssystem (…),
da sie eine einheitliche Sicht von *literacy* und einer homogenen Bevölkerung, die einen vorbestimmten Weg fortschreitet, suggeriert (Ivanic/Barton/Hamilton 2004, S. 21,
Herv. d. Verf.).

Dabei stimmen die von den verschiedenen Alphabetisierungsbewegungen in den industrialisierten Ländern entwickelten Vorstellungen von der Zielgruppe nur darin überein,
dass Analphabeten zu Alphabetisierten, die illiteraten zu literaten Menschen werden
sollen (vgl. Kamper 1994, S. 630).

Es ist in erster Line eine (sozial)pädagogische Perspektive, die den funktionalen Analphabetismus – bei aller „auf der Organisation der *Bedeutung* basierenden
Sprachbeschreibung" (Trim u. a. 2001, S. 116, Herv. d. Verf.) und der damit einhergehenden Vervielfältigung literaler Niveaus – in sozialen Zusammenhängen begreif-
bar macht. Was heterogene soziale Kontexte und Personenmerkmale zusammenhält,
scheint die gravierende Hilfsbedürftigkeit der Betroffenen zu sein. Mit den funktionalen Analphabeten hat man eine „neue prekäre Unterklasse" (Hannich u. a. 2006,
S. 35) in den Blick genommen und ist dementsprechend auch entschlossen zu helfen.
Angesichts herrschender literaler Verhältnisse scheinen diese betroffenen Menschen
im übertragenen Sinne „keine Adresse" (ebd., S. 30) zu haben, sie kommen im literalen Verkehr nicht vor und haben sich daran gewöhnt, übergangen zu werden. Im
Unterschied zur infantilen Illiteralität sind die erwachsenen Analphabeten von be-
trächtlicher Ausgrenzung und Stigmatisierung betroffen und diese „soziale Ächtung"
(Nuissl 1999, S. 559) hat zur Folge, dass sie lediglich ein geringes Selbstwertgefühl
entwickeln können.

Entsprechend wird konstatiert, dass unzureichende Schriftfähigkeit oft „subjektiv
vielfältiges Leid und objektiv Exklusion" (Schlutz 2007, S. 18) nach sich zieht. Schwer-
wiegend sind vor allem die beruflichen Konsequenzen: die geringe Qualifikationsstruk-
tur der ausgeübten Tätigkeiten, der deutlich höhere Anteil von Arbeitslosigkeit und das
wesentlich geringere Einkommen (vgl. Nuissl 1999, S. 557).

Die soziale Lage funktionaler Analphabeten ist eine benachteiligte soziale Lage (…).
Erst wenn der Funktionale Analphabetismus als Bestandteil dieses Prozesses erkannt
wird, können überhaupt strukturelle und individuelle Anteile erkannt und voneinander
unterschieden werden (Hannich u. a. 2006, S. 34 f.).

Die derzeit inflationäre Rede vom funktionalen Analphabetismus ist, wie bereits ausgeführt, maßgeblich bestimmt durch ein objektives Verständnis von literaler Benachteiligung. Dies kann nicht zuletzt an der zunehmenden Verwendung des Begriffs „Exklusion" abgelesen werden, denn mit diesem Begriff wird oftmals versucht, die soziale

Produktion von Benachteiligung zu gewichten. Nicht bei den Betroffenen selbst, sondern in ihren sozialen Umfeldern wird nach Ursachen für literale Inkompetenz gesucht, so wird etwa die Schule zu einem „Einsortierplatz und zur Armutsfalle" (ebd., S. 36). Entsprechend bleibt festzuhalten:

> Analphabetismus hat biographisch und aktuell einen engen Zusammenhang zu Armut. Illiterate Menschen haben als Kinder häufig familiäre Erfahrungen mit beengten Wohnsituationen, Sozialhilfe und materieller Armut gemacht. Als Erwachsene stehen sie dem Arbeitsmarkt in der Regel nur als Ungelernte zur Verfügung. Wenn sie Arbeit haben, ist diese entsprechend niedrig bezahlt. In Zeiten hoher Arbeitslosigkeit sind sie überdurchschnittlich häufig arbeitslos und auf Sozialhilfe angewiesen (Kamper 1994, S. 633).

Die Betroffenen sollen die Verantwortung für ihre missliche Lage nicht selbst übernehmen, diese soll aus dem gesellschaftlichen Verkehr und den damit einhergehenden Ausgrenzungsprozessen resultieren. Funktionale Analphabeten sind demnach Leidtragende und nicht bloß von schriftsprachlichen Exklusionen betroffen – diese greifen im engeren Sinne, gemäß dem soziolinguistischen Modell von Literalität, auch auf andere öffentliche und private Bereiche über. Da die Schriftsprache kein abstraktes Symbolsystem ist, sondern seit jeher im sozialen Leben verwendet wird, leiden die funktionalen Analphabeten nicht bloß an grammatikalischen, orthographischen oder phonologischen Ansprüchen, sondern darüber hinaus an finanziellen und sozialen Missständen, was natürlich auch ihre Persönlichkeitsentwicklung nicht unberührt lassen kann. Mitsamt dem technischen Wissen und Können scheint es illiteraten Menschen an Grundbildung zu fehlen, und fehlende Grundbildung bedingt soziale und finanzielle Probleme, welche wiederum Bildungswege abkürzen und so weiter und so fort. Doch ob nun mehr als Ursache oder als Konsequenz verstanden, im Zuge der Konzentration auf phänomenale Dimensionen von literaler Benachteiligung wird diese tendenziell mit einer „Zugehörigkeit zu bildungsfernen Milieus" (Hannich u. a. 2006, S. 36) identifiziert. In positiver Weise impliziert die Verschränkung von Alphabetisierung und Grundbildung, dass mit Literalität zugleich Bildungskapital gewonnen ist; angesichts von Illiteralität jedoch resultiert daraus auch eine Entwertung des Bildungskapitals. Untersuchungen zu Biographien der Betroffenen zeigen,

> daß unter heutigen Bedingungen der Analphabetismus sehr viel mehr ist als „eine fehlende Fertigkeit". Es ist – so könnte man sagen – eher die eingeschränkte (schrift)sprachliche Handlungsfähigkeit der Betroffenen und somit ihre langjährige soziokulturelle und kommunikative Ausgliederung, die dieses Phänomen zu einem richtigen Problem macht (Panagiotopoulou 2001, S. 62).

Indem literale Schwächen als ausgreifendes Bildungsproblem gewürdigt werden, lässt man sich auf eine persönliche Dimension von Betroffenheit ein und eröffnet dann zum Beispiel das erwähnte „Problem der Adressabilität" (Hannich u. a. 2006, S. 30). Ein Mensch, gehalten von sozialen Netzwerken und finanziell abgesichert, muss – selbst in einem literal geprägten Kulturkreis – aufgrund von gravierenden literalen Schwächen nicht unbedingt zu einem „fragilen Selbstbild" (Egloff 1997, S. 100) neigen. Hingegen dürfte es ein wegen grundsätzlicher „Bildungsarmut" (Wagner 1997, S. 77) sozial iso-lierter und finanziell bedrängter Mensch recht schwer haben, in seiner persönlichen Ent-wicklung eine – wie es in der qualitativen Forschung heißt – negative „Verlaufkurve" (Egloff 1997, S. 121) abzuwenden. Man geht bei funktionalen Analphabeten daher von einer „Kontinuität (…) im Prozeß des Erleidens" (ebd., S. 120) aus und verbin-det ihre literale Desintegration mit einer persönlichen Desintegration, auch ihr innerli-ches Zuhause ist anscheinend ein recht „unwirtlicher Ort" (Hannich u. a. 2006, S. 30). Man möchte dennoch keinem organisch bestimmten Analphabetismus das Wort reden und erklärt, funktionaler Analphabetismus sei weder ein Defekt noch eine unheilbare Krankheit. Funktionaler Analphabetismus ist die Folge erlernter Lernverweigerung. Sie beruht vielmehr auf dem Phänomen misslungener Adressabilität (vgl. ebd., S. 33).

Erwachsene in Industrieländern haben in der Regel bereits Erfahrungen mit dem Erlernen von Lesen und Schreiben gemacht. Aber nicht in jedem Fall war das Lernen von Erfolg gekrönt. Der Misserfolg zieht weitere Versagensängste nach sich und kann zu einer im Grundsatz misstrauischen und sogar ablehnenden Haltung gegenüber Bil-dungsinstitutionen führen. Die Art und Weise, wie diese Menschen gelernt haben und wie sie lernen, wirkt sich dann wie ein retardierendes Element in weiteren Lern- und Entwicklungsprozessen aus (vgl. Nuissl 1999, S. 556).

Mitunter behandelt man die affektiven Spannungen von funktionalen Analphabe-ten sogar als Ursache ihrer literalen Benachteiligung. Die Genese von Analphabetismus muss als eine tief in die Biographie der Betroffenen verankerte lebensgeschichtliche Ent-wicklung verstanden werden, deren Komplexität sich monokausalen Erklärungsversu-chen entzieht (vgl. Romberg 1993, S. 32). So entdeckte man in den Lebensgeschichten dieser Menschen häufig ausgesprochen unangenehme Ereignisse. Diese haben zwar nicht zwingend mit dem Lese- und Schreibproblem zu tun. Sicher haben sie aber einen Einfluss auf die Entwicklung der eigenen Identität und auf das Selbstvertrauen. Dies kann sich dann wiederum auf den Umgang mit den Kulturtechniken Lesen und Schrei-ben auswirken (vgl. Egloff 1997, S. 119).

Meist aber wird ihre Persönlichkeitsstörung, das heißt ihr Leiden an einer „typi-schen Konstellation von Anonymitätsbedürfnis und Stigmatisierungsangst" (Romberg 1993, S. 15), als eine sich selbst verstärkende Wirkung ihrer literalen Benachteiligung ge-deutet und damit die „Individualisierung des Problems" (Panagiotopoulou 2001, S. 80) entschärft. Wegen den beschränkten Partizipationsmöglichkeiten am literalen Verkehr kommt es wohl fortwährend zur „Erfahrung, eine unwichtige Adresse zu sein" (Hannich u. a. 2006, S. 29) – ein Umstand, dessen prägende Wirkung offenbar nicht lange auf sich warten lässt. In der Folge eines negativen „Etikettierungsprozesses" (ebd., S. 30) entwickeln sich stetige affektive Spannungen und persönliche Niederschläge der literalen Benachteiligung. So behauptet man:

> Unbestritten ist, daß „funktionale Analphabeten" extremen Leidensprozessen ausgesetzt waren oder noch immer sind, die sowohl einen Lese- und Schreibprozeß verhindert als auch zu einem negativen Selbstbild und zu einem unterentwickelten Selbstbewußtsein geführt haben. Ebenso wenig ist von der Hand zu weisen, daß fehlende oder unzureichende Lese- und Schreibkenntnisse zu einer großen Beeinträchtigung der gesamten Lebenssituation führen (Egloff 1997, S. 177).

Dabei ist die Gefahr, dass unzureichende Schriftsprachkenntnisse eine negative Verlaufskurve in Gang halten, im Grunde bei allen Menschen mit Lese- und Schreibproblemen vorhanden: etwa dann, wenn nach einer Entlassung eine Neueinstellung an mangelhaften Schriftsprachdefiziten scheitert (vgl. ebd., S. 122). Allerdings gibt es erstaunlicherweise ebenfalls Menschen, die ihren Arbeitsplatz wechseln, sobald eine Beförderung, die Schriftsprachkompetenz zur Voraussetzung hat, in Aussicht gestellt wird (vgl. ebd., S. 168 f.).

Aufgrund der durch Schriftsprachdefizite verursachten, öffentlichen und privaten Benachteiligungen stellt sich die Frage, weshalb nur ein kleiner Teil an funktionalen Analphabeten sich motiviert zeigt, öffentliche Alphabetisierungsangebote zu nutzen. Man erklärt diesbezüglich „multifaktoriell": Mit einer beträchtlichen Dunkelziffer muss gerechnet werden wegen unzugänglicher Angebote (sei es aus finanziellen, didaktischen oder räumlichen und zeitlichen Gründen), wegen verbreiteter Resignation seitens der Betroffenen und aufgrund ihrer ausgeprägten Schamgefühle, einer für sie typischen „Angst vor Entdeckung" (Nuissl 1999, S. 552).

Es gibt verschiedene Vermutungen, warum funktionale Analphabeten nicht auf die entsprechenden Angebote von Erwachsenenbildungseinrichtungen reagieren. Schlechte Zugänglichkeit zu Informationen und Unterrichtsangeboten sowie die empfundene Diskrepanz zwischen subjektivem Aufwand und Nutzen sowie eine allgemein fehlende Motivation gelten als Hauptursachen für Nichtbeteiligung. Darüber hinaus werden inzwischen auch von Volkshochschulen immer wieder Teilnahmegebühren für Angebote der Alphabetisierung und Grundbildung erhoben, sodass die finanziell zumeist schlecht gestellte Zielgruppe abgeschreckt wird (vgl. Kamper 1994, S. 633).

Jedoch scheinen sich die Beobachtungen des persönlichen Leidens zu relativieren, es ist nicht unbedingt mit schamhaften Gefühlen zu rechnen. Auf den zweiten Blick sind die „Berichte der Betroffenen über ihre Bedarfe in der Regel weniger alarmierend als die Testergebnisse" (Ivanic/Barton/Hamilton 2004, S. 20). Etwa sieht man funktionale

Analphabeten mit „ausgeprägten Leidensbiographien und andere, die sich dem Leidens-
prozeß haben entziehen können und sich im Leben ‚arrangiert' haben" (Egloff 1997,
S. 121). Ausgehend von diesem Arrangement oder gar Engagement wird gewarnt, dass
erwachsene Illiteraten nicht behindert sind und sich auch nicht so verstehen. Vielmehr
haben sie eine Vielzahl von Kompetenzen und Fähigkeiten erworben, die ihre Lese- und
Schreibschwäche teilweise zu kompensieren vermögen. Sie können auf eine Lebensleistung verweisen, die Anerkennung verdient (vgl. Nuissl 1999, S. 559 f.).

> Ob also Menschen einen Bedarf haben und die Art dieses Bedarfes sind individuell ent-
> wickelte, persönliche Angelegenheiten. Institutionell auferlegte Definitionen, ob Men-
> schen Bedarf an *Literacy* haben und welcher Art von *Literacy* sie bedürfen, können
> kontraproduktiv sein. Regierungen, Bildungssysteme und Arbeitgeber können Annah-
> men darüber bilden, dass Menschen *Literacy* bedürfen, ohne die literalen Handlungen
> zu erkennen, die die Menschen durchführen, um ihr Alltagsleben zu bewältigen (Iva-
> nic/Barton/Hamilton 2004, S. 20, Herv. d. Verf.).

Jedoch wird immer wieder darauf hingewiesen, dass Personen, die als funktionale Analphabeten gelten, oft die literalen Anforderungen auf ihrer Arbeit völlig zufriedenstel-
lend erfüllen konnten. Dies kann beispielsweise durch die Nutzung alternativer Praktiken wie Unterstützungsnetzwerken geschehen, wobei mehrere Personen Aufgaben
aufteilen, sodass jede Person tut, was sie am besten kann (vgl. Ivanic/Barton/Hamilton
2004, S. 20). Es scheint sich zu bestätigen: „Illiterate haben wenig Vertrauen in die
eigene *Lern*leistung; einige von ihnen haben jedoch einen ausgeprägten Stolz auf die
erreichte *Lebens*leistung" (Nuissl 1999, S. 552, Herv. d. Verf.).

Es ist also durchaus strittig, inwieweit beispielsweise phonologische Schwächen mit
einer persönlichen Desintegration einhergehen müssen. Im Bestreben, vom „Bild eines
bemitleidenswerten, unselbständigen, defizitären Menschen wegzukommen" (Egloff
1997, S. 177) stößt man nicht nur auf viele effektive „Vermeidungsstrategien" (ebd.,
S. 159), sondern entdeckt auch eine bisher kaum erforschte produktive „Kompensation
des Defizits" (ebd., S. 163), eine bei illiteraten Menschen ausgeprägte „Orientierung
ohne Schriftsprachkompetenz" (ebd., S. 162). Beispielsweise wird berichtet:

> Da den Menschen mit Lese- und Schreibproblemen Medien wie Zeitungen oder Bücher
> zum größten Teil verschlossen bleiben, sind sie gezwungen, Wissen und Kenntnisse auf
> andere Weise zu erwerben, um beispielsweise in Gesprächen mit Arbeitskollegen mit-
> reden zu können und dabei nicht als „Analphabeten" aufzufallen (ebd., S. 163).

In den weitgehend defizitären Beschreibungszusammenhang will es sich nicht recht fügen, dass man auch heutzutage trotz gravierender literaler Schwächen eine innere Inte-

grität bewahren und erfolgreich am gesellschaftlichen Leben partizipieren kann. Herausgestellt wird in dieser Hinsicht jedoch besonders eine mit literaler Benachteiligung korrelierende „erhöhte Merkfähigkeit" (ebd., S. 162) sowie das Bestehen eines „großen solidarischen Freundeskreis" (ebd., S. 163). Anscheinend müssen funktionale Analphabeten ihrer literalen Umwelt nicht zwangsläufig ausgeliefert sein, nicht immer leben sie zurückgezogen und leiden an geringen Selbstwertgefühlen – dies tun sie vielleicht nicht mal tendenziell. So wird aus biographischen Analysen geschlossen:

> „Funktionale Analphabeten" leiden offenbar nicht notwendigerweise ihr Leben lang. Sie können wichtige Elemente ihrer Verlaufkurve ausschalten, biographische Handlungsschemata entwickeln und ihrem Leben dadurch eine völlig andere Richtung geben. D. h., das Lese- und Schreibproblem muß diese Menschen nicht daran hindern, ein erfolgreiches Leben zu führen und auf andere Weise als durch das Lesen- und Schreibenlernen ein größeres Selbstbewußtsein zu erlangen (ebd., S. 175).

Spezifischer wird erläutert:

> Nicht nur über ihre Arbeit gelingt es funktionalen Analphabeten, sich von ihrem Problem zu distanzieren. Eine ähnliche Funktion kann das Eingebundensein in eine bestimmte Gruppe erfüllen (ebd., S. 163).

So wurde schon beobachtet, dass z. B. religiöse Gemeinschaft helfen kann, ein Stigma zu bewältigen (vgl. ebd., S. 164). Das mögliche Lebens- und Lernengagement von funktionalen Analphabeten ist auch daran ersichtlich, dass sie sich mitunter freiwillig dazu entschließen, die langwierigen Mühen eines Alphabetisierungskurses auf sich zu nehmen. Also nicht nur in Hinblick auf funktionierende Vermeidungsstrategien und Kompensationen, sondern auch in Hinblick auf eine direkte Überwindung von literalen Barrieren erwecken die bisherigen empirischen Beschreibungen einen recht uneinheitlichen Eindruck und weisen so auf die eingangs festgehaltene heterogene Qualität des funktionalen Analphabetismus zurück.

3.3 Selbstbeschreibungen

Die bislang erhobenen Selbstbeschreibungen von illiteralen Menschen scheinen zunächst einmal die Vermutung zu bestätigen, dass die nähere Erforschung dieser Personen zur Rede von einem vorhandenen „sozialen Sprengstoff" (Hannich u. a. 2006, S. 35) in Deutschland beiträgt. Biographische Rekonstruktionen stützen die Annahme, dass an funktionalem Analphabetismus gelitten wird, dass man davon betroffen ist, also dass das Phänomen kaum in persönlicher Verantwortung steht. Vor allem in pädagogischen Kreisen ist dies Konsens. Man betont in der Regel, dass der funktionale Analphabetismus nicht das Problem „einzelner Versager" (Panagiotopoulou 2001, S. 64) ist, sondern ein „kulturpolitisches", ein „soziokulturelles" und ein „gesellschaftliches" Problem. „Die Gefahr einer Individualisierung des Problems ist (…) nicht zu unterschätzen und bleibt noch aktuell" (ebd.).

Es stellt sich unterdessen die Frage, ob auch nicht lernende illiterate Menschen in dieser Weise zu beschreiben sind, denn die bisherigen Untersuchungen beziehen sich lediglich auf lernende. Zudem ist fraglich, inwieweit es pädagogischen Gesichtspunkten selbst geschuldet ist, dass in erster Linie davon ausgegangen wird, illiterale Menschen wären einem extremen Leidensprozess ausgesetzt, der sich während der Kindheit aufgrund äußerst ungünstiger familiärer und schulischer Bedingungen eingestellt hat (vgl. Egloff 1997, S. 151). Ausführlicher erklärt man:

> Wenn die Betroffenen die Schule verlassen, mit oder ohne Abschluß, aber ohne (ausreichende) Schriftsprachkenntnisse, dann scheint ihnen zunächst nicht bewußt zu sein, was es heißt, nicht lesen und schreiben zu können. Mit anderen Worten: Sie sehen sich zunächst nicht als „Analphabeten". (…) Spätestens jedoch mit Beginn des Berufslebens wird ihnen die Bedeutung des Lesens und Schreibens für den Alltag bewußt, bzw. sie erkennen, welchen Stigmatisierungsprozessen und negativen Sanktionen man in einer von Schrift geprägten Gesellschaft ausgesetzt ist, beherrscht man diese Fertigkeiten nicht (ebd., S. 155 f.).

Da „funktionale Analphabeten" mit Diskriminierung rechnen müssen, leben sie in ständiger Angst vor Entdeckung und fürchten unangenehme Folgen (vgl. ebd., S. 158). Jederzeit können unvorhergesehene Änderungen im Lebensalltag sorgfältig aufgebaute Strategien zusammenbrechen lassen. „Ein solcher Einschnitt kann beispielsweise der Tod derjenigen Person sein, die bisher alle schriftsprachlichen Angelegenheiten geregelt hat" (ebd., S. 167). Hinzu kommt, dass viele funktionale Analphabeten denken, nur sie allein seien von diesem Problem betroffen. „Weder können sie glauben, daß auch andere dieses Problem haben, noch daß sie irgendwo auf Verständnis und Hilfe treffen" (ebd., S. 165).

Nimmt man diese Probleme ernst, so müssen die bisherigen Erhebungen ergänzt werden. Es sind dann auch Personen zu befragen, die in Alphabetisierungskursen nicht auftauchen, wenngleich sie in diesem oder jenem literalen Funktionszusammenhang an ihre Grenzen stoßen. Man hat es bislang offensichtlich nur mit Selbstbeschreibungen eines bestimmten Typus des funktionalem Analphabetentums zu tun. Bereits angesichts der vorliegenden Selbstbeschreibungen zeichnen sich gegenläufige Tendenzen zu jener konstatierten Hilflosigkeit ab. Schon die Selbstbeschreibungen der lernenden Betroffenen, von Personen also, die professionelle Hilfe in Anspruch nehmen, enthalten Hinweise, die zu pädagogischer Besonnenheit mahnen. Durchaus kann der Eindruck entstehen, dass – je weiter man literale Umgangsformen fasst, desto weniger auch in pauschaler Weise anzunehmen ist – literal benachteiligte Menschen ihren gesellschaftlichen Verhältnissen ausgeliefert wären und unbedingt einer institutionalisierten Fürsorge bedürften.

Auch wenn dieser Aspekt keine alternative Interpretation darstellt, er kann eventuell doch als Korrektiv ungenauer pädagogischer Bezüge bedeutsam werden und soll im Folgenden ausgeführt sein.

Wenn Teilnehmer von Alphabetisierungskursen über sich selbst Auskunft geben, artikulieren sie zumeist nicht nur eine Bedürftigkeit, die von ihrer Kursteilnahme bestätigt wird. In den wenigen bisher geführten Interviews wurde regelmäßig auch ein „Stolz auf die erreichte Lebensleistung" (Nuissl 1999, S. 552) erhoben. Es scheint vor allem wichtig zu sein, im Sinne der Befragten zwischen Lernleistungen, insbesondere der literalen Art, und allgemeiner Lebensleistung zu unterscheiden. Während die literalen Lernleistungen vergleichsweise schlecht beurteilt werden – wobei es immer noch darauf ankommt, welche Vergleiche man anstellt –, entsprechen die Lebensleistungen jenen Einschätzungen nicht unbedingt und können durch erfolgreiches Arbeiten an den literalen Schwächen sogar positiv beurteilt sein. Illiterate Menschen sind sich wohl durchaus darüber im Klaren, dass es eine Leistung darstellt, wenn man sich im Leben trotz widriger Voraussetzungen, in sozialer, finanzieller und speziell literaler Hinsicht, sowie im ungünstigen Umfeld einer sozial separierten, finanziell anspruchsvollen und literal geprägten Gesellschaft zu behaupten versteht, wenn man einen Freundeskreis aufbauen, einen Beruf finden, eine Familie gründen kann. Seit in der Sozialforschung derartige Erfolge berücksichtigt werden, sehen pädagogische Aspirationen sich darauf hingewiesen, dass funktionale Analphabeten nicht bloß hilflose Opfer sind, sondern durchaus über „Expertenschaften" verfügen (vgl. Egloff 1997, S. 8). Man führt aus:

> So gelingt es funktionalen Analphabeten durchaus, trotz erlittener und andauernder Demütigungen ein gewisses Selbstbewusstsein aufrecht zu erhalten oder im Laufe der Zeit zu entwickeln und ihrem Leben dauerhaft zu einer positiven Wende zu verhelfen – und dies zunächst auch ohne, dass sie lesen und schreiben lernen. Einige können bereits sehr früh offensiv, fast schon strategisch mit ihren ungünstigen Lebensumständen und auch mit dem Lese- und Schreibproblem umgehen (…). Einige der von mir Befragten präsentieren sich als berufliche Aufsteiger mit hohen sozialen Kompetenzen: Mit Eigeninitiative und mit Unterstützung durch Familienangehörige und Vorgesetzte schaffen sie es, beruflich Pläne aufzustellen und auch zu verwirklichen, dafür notwendige Zusatzqualifikationen zu erwerben – noch bevor sie das Lesen und Schreiben gelernt haben (Egloff 2007, S. 77).

Die auf Lernende beschränkten empirischen Befunde geben zwar keinen Anlass, die Bedürftigkeit jener Menschen grundsätzlich infrage zu stellen, nach wie vor wird ausschließlich ein pädagogischer Gegenstandsbereich wahrgenommen, doch die Mitteilung von positiven Selbstbildern regt dazu an, die Generalität der Defizitannahmen zumindest zu überdenken. Je breiter man ein Forschungsset anlegt, umso schwerer scheint es zu fallen, Kompetenzen und Erfolge, die trotz literaler Benachteiligung vorhanden sind, in systematischer Weise zu berücksichtigen. Allerdings können generelle Unterstellungen von Inkompetenz auch ökonomisch oder politisch begründet sein. Nicht nur fürsorgliche Zuwendungen können bevormundend wirken, oftmals steht hinter der Rede von Bildung und Lernen das Bestreben, einen Wirtschaftsraum möglichst profitabel zu gestalten. Vom Wirtschaftsraum aller OECD-Länder heißt es:

> Was (…) am Vorabend des 21. Jahrhunderts hervorsticht, ist die besondere Art und Weise und die Geschwindigkeit der Transformation. (…) Schlecht ausgebildete Arbeitnehmer, die sich nicht an die neuen Bedingungen und Bedürfnisse des Arbeitsmarktes anpassen können, stehen den Risiken sozialer Isolation und ökonomischer Ausgrenzung gegenüber. (…) Die momentane Geschwindigkeit der strukturellen Anpassung produziert ernstzunehmende Missverhältnisse zwischen dem Angebot und der Nachfrage nach Qualifikationen (OECD/Statistics Canada 1995, S. 25ff.).

Man muss nicht erst auf positiv eingeschätzte Lebensleistungen von lernenden Illiteraten rekurrieren, um Generaldefizite zu relativieren. Schon in Anbetracht der literalen Lernleistungen lässt sich darauf hinweisen, dass die präferierten Testinstrumente reale Anforderungen nur ungenügend oder gar verzerrt abbilden. So hat man mit Blick auf die Ergebnisse des *International Adult Literacy Survey* zu bedenken gegeben:

> Erstaunlich ist, wie viele Personen sich trotz niedriger Lesefähigkeit im Test für die Anforderungen an ihrem Arbeitsplatz gewappnet fühlen. Nun mag es in einzelnen Berufen Nischen geben, in denen man mit geringen Lesekenntnissen auskommt. Aber wie sieht es im privaten Alltag aus, der heute doch für alle in ähnlichem Maße schriftbestimmt ist (…)? Auch hier verblüfft die hohe Quote derjenigen, die trotz schwacher Testergebnisse gut zurechtkommen, vor allem wenn man an die PISA-Quote von angeblich einem Viertel leseschwacher 15-Jähriger denkt. (…) Die OECD-Studie zeigt (…), dass Personen auf der niedrigsten Kompetenzstufe 1 auch geringere Lebensanforderungen zu bewältigen haben: Nur 40 bis 50% von ihnen müssen mindestens einmal pro Woche Aufgaben erledigen, die von über 60% der Personen auf Stufe 4/5 zu bewältigen sind (Brügelmann 2004, S. 17).

Die Spannungen zwischen einem angeblichen Angebotsmangel trotz stark wachsender Nachfrage beziehungsweise einer Bildungsarmut trotz zunehmender Wissensgesellschaft auf der einen Seite und positiven Selbstbeschreibungen der Leistungs- oder Bildungsträger auf der anderen Seite werden empirisch kaum beachtet. Meist unterläuft man sie mit der gewagten These massenhafter Selbsttäuschungen. Gerade in literal geprägten Kulturkreisen aber ist eine „Hartnäckigkeit von Vorurteilen" (Egloff 1997, S. 157) zu beobachen, denn literale Kompetenzen werden eng mit sozialem, kulturellem und ökonomischem Kapital, mit Intelligenz, Lernfähigkeit, Kommunikationsgeschick, Charakter und Lebensfreude verquickt. Vielen Forschern erscheint es daher folgerichtig, dass Menschen ihre literalen Schwächen nicht nur vor anderen, sondern sogar vor sich selbst verbergen.

In diesem Sinne geht man davon aus, dass Erwachsene mit einem niedrigen Literalitätsniveau ihr Problem gewöhnlich nicht erkennen oder zugeben. Testteilnehmende aller Stufen, die gefragt wurden, ob ihre Lesefertigkeiten ihren alltäglichen Anforderungen genügten, bejahten diese Frage mit überwältigender Mehrheit (vgl. OECD/Statistics Canada 1995, S. 135). Die Selbsteinschätzung der Betroffenen verhilft also nicht zur Auffindung beziehungsweise Festlegung eines Grenzwertes. Sie kann aber hinsichtlich der Wahrnehmung beziehungsweise der zu erwartenden Motivation wertvolle Erkenntnisse beisteuern (vgl. Wagner 2007, S. 97).

Die Gefahr besteht, methodisch ein Ressentiment zu transportieren. Denn Menschen, die nur über unzureichende Fähigkeiten im Lesen und Schreiben verfügen, müssen häufig erleben, dass diese Unfähigkeit „von anderen als Beweis für negative Charaktereigenschaften gesehen wird. Sie werden als ‚dumm' bezeichnet und allein auf dieses Defizit reduziert" (Egloff 1997, S. 156 f.). Man übersieht hier allerdings, dass das Ende einer fatalen Verlaufkurve nicht notwendigerweise mit Lese- und Schreibfähigkeiten zusammenhängt. Die Ursache liegt keineswegs immer im Analphabetentum, sondern hat oft andere Gründe, z.B. familiäre und schulische Probleme, Krankheit usw. Wenn nur einer dieser Gründe seine „Wirkung" verliert, kann sich eine Änderung der Lebenssituation einstellen, ohne dass das Problem unzureichender Schriftsprachenkenntnisse gelöst wäre (vgl. ebd., S. 123). So kann es beispielsweise jemandem gelingen,

> sich selbst aus seiner desolaten familiären Situation zu „befreien", indem er sich angesichts einer drohenden Heimeinweisung bei seinen Großeltern einquartiert, zu denen er ein gutes Verhältnis hat. Später trennt er sich endgültig und unwiderruflich von seiner Herkunftsfamilie, indem er einen anderen Nachnamen annimmt und alle Kontakte abbricht. Es gelingt ihm, ein zufriedenes und glückliches Leben zu führen, ohne lesen und schreiben zu können. Erst relativ spät, motiviert durch seine Ehefrau, entschließt er sich, an einem Alphabetisierungskurs teilzunehmen. (...) Für andere der Befragten wiederum relativiert sich das Lese- und Schreibproblem dadurch, dass plötzlich in

> ihrem Leben etwas geschieht, das sie eine andere Perspektive auf sich selbst einneh-
> men lässt und auf diese Weise die Lese- und Schreibunkundigkeit nicht mehr als das
> alles andere Lebensbereiche dominierende Thema wahrgenommen wird (Egloff 2007,
> S. 77).

Zusammenfassend kann festgehalten werden, dass die realen Verhältnisse literal be-
nachteiligter Menschen womöglich nicht so prekär sind, wie es sich in breit angelegten und wie immer auch motivierten Lernleistungsmessungen darstellt. Vielleicht sind
bestehende literale Kompetenzen real besser auf gesellschaftliche Felder eingestellt, als
es im Lichte eines ökonomischen, politischen und pädagogischen Enthusiasmus zur
Kenntnis genommen wird. Lebensleistungen, ob eher subjektiv und objektiv betrachtet, müssen überdies nicht unbedingt vom Grad literaler Lernleistungen abhängig sein.
Wenn auch nicht in Abrede zu stellen ist, dass Europa als ein literal geprägter Kulturkreis gelten kann, selbst hier sind es nicht nur literale Kompetenzen allein, die soziales,
kulturelles und ökonomisches Kapital versprechen. Die Selbstbeschreibungen lernender
funktionaler Analphabeten können dafür genutzt werden, das traditionelle Paradigma
einer wesentlich literalen Bildung und Kultur samt den daraus abgeleiteten Generalde-
fiziten zu relativieren; sie müssen nicht per se unrealistisch oder nur von partikularer
Bedeutung sein. Wahrscheinlich stellen sie eher ernstzunehmende Irritationen von umfassenden Zwecksetzungen und deren theoretischem Vorverständnis dar. So macht es
einen ausgewogenen Eindruck, wenn angesichts einer bildungsbedingten Illiteralität in
Deutschland formuliert wird:

> Obwohl funktionale Analphabeten ohne Frage aufgrund fehlender oder unzureichender
> Lese- und Schreibkenntnisse vielfach benachteiligt sind und unter dieser Situation, vor
> allem unter der gesellschaftlichen Stigmatisierung, leiden, stellen sie eben nicht nur hilf-
> lose und defizitbestimmte Erwachsene dar, sondern verfügen über eigene und sehr spe-
> zifische Expertenschaften, über soziale Kompetenzen und über alle möglichen anderen
> Formen von Literalität (Egloff 2007, S. 77 f.).

Und bezüglich der Sprache allgemein ist zu bedenken, dass auch viele Aufgaben auch
ohne Rückgriff auf schriftsprachliche Kompetenz verrichtet werden können. Zumindest
fühlt sich eine Vielzahl von funktionalen Analphabeten im beruflichen Kontext nicht
zwingend eingeschränkt. Dafür sprechen die Ergebnisse einer OECD-Befragung: Selbst
auf den unteren Kompetenzstufen 1 und 2 sehen sich nur 15 bis 17 Prozent in ihren
beruflichen Möglichkeiten in starkem Maße eingeschränkt; weitere 28 Prozent beziehungsweise 44 Prozent empfinden ihre Möglichkeiten zumindest in gewissem Umfang
als begrenzt (vgl. Brügelmann 2004, S. 17).

ZUR REFLEXION

Inwiefern ist der funktionale Analphabetismus ein empirisch unscharfes Phänomen? Worin liegen die Probleme einer adäquaten qualitativen und quantitativen Erfassung?

Bitte diskutieren Sie, ob literale Benachteilung eher durch individuelle Anlage oder durch gesellschaftliche Umstände verursacht wird.

Warum fällt es vielen funktionalen Analphabeten schwer, an literalen Fortbildungsmaßnahmen teilzunehmen?

Viele funktionale Analphabeten kommen in ihrem Alltags- und Berufsleben überraschend gut zurecht. Worin könnte eine „spezifische Expertenschaft" von funktionalen Analphabeten liegen?

4. Quantitative Aspekte

4.1 Politische Perspektiven

Wenn von politischer Warte aus über literale Benachteiligung in Deutschland nachgedacht wird, so scheint sich der empirische Aufbau von Erkenntnis umzukehren: Anstatt das Phänomen zuerst inhaltlich anzugehen und erst in der Folge sein Ausmaß zu bestimmen, hält man es für sinnvoll, die Qualität des Phänomens erst dann wirklich zum Thema zu machen, wenn eine bestimmte Quantität erreicht ist. Derart jedenfalls wird die politische Perspektive von pädagogischer Seite interpretiert, die eine zumutbare Größenordnung aufgrund kursierender Dunkelziffern längst für überschritten hält und Debatten hierüber durchaus kritisch betrachtet. Es scheint müßig zu sein, nach genauen Zahlen und damit nach möglichen Differenzen zwischen lernenden und nicht lernenden Illiteraten zu fragen, derweil die literale Bedürftigkeit stetig wächst. Der Mainstream des Bildungssektors hofft unterdessen, dass verlässliche Zahlen über alle Deutschen, die Probleme mit Lesen und Schreiben aufweisen (vgl. Nuissl 1999, S. 551), politisch verantwortliche Instanzen zum Handeln bewegen können. Angesichts methodisch einwandfreier Zahlenwerte, so wird erwartet, sind politische Entscheidungen gefragt, die sich einer mehr oder weniger großen Minderheit explizit zuwenden oder dies nachweislich unterlassen.

In pädagogischen Kreisen hat man den Eindruck, als würden viele dringende Fragen bezüglich einer massenhaften literalen Benachteiligung in Deutschland aufgeschoben oder ungenügend ernst genommen. Daher kommt man betreffs jener „Problematik der statistischen Erfassung eines nicht erwünschten Phänomens" (Panagiotopoulou 2001, S. 71) zu dem Schluss:

> Die Quantifizierung des Funktionalen Analphabetismus ist sinnvoll und nützlich: Genaue Zahlen können helfen, das Ausmaß des Problems besser abzuschätzen und sie können eine unumstößliche Legitimation für die umfassende und finanzintensive Alphabetisierungsarbeit garantieren (Schneider/Gintzel/Wagner 2008, S. 32).

Wollte man es noch schärfer formulieren, so bleibt festzuhalten, dass der Mangel an statistischen Daten das Verharmlosen dieses Problems ermöglicht (vgl. Panagiotopoulou 2001, S. 73).

4.2 Wissenschaftliche Perspektiven

Die quantitative Dimension literaler Benachteiligung im bundesdeutschen Kontext ist sicherlich ein Forschungsdesiderat. Es herrscht weitgehende Unklarheit darüber, nach

welchen Kriterien das Phänomen bestimmt werden kann: Entweder hält man sich hierüber bedeckt und beschränkt sich auf eine implizite Auseinandersetzung im Zuge der
Testaufgabenauswahl sowie deren Referenz oder man beruft sich kurzerhand auf einen
unausgewiesenen „common sense". Zur prinzipiellen Schwierigkeit, dass vorwiegend
eine *potenzielle* pädagogische Klientel infrage steht, kommt erschwerend hinzu, dass
bestehende Lernleistungsmessungen, welche mit funktionalen Analphabeten in Verbindung gebracht werden, zumeist einen viel weiter gesteckten Fokus haben und bloß
schematisch weiterhelfen können, oder, im Gegenteil, dass sie mit regionalen oder gar
institutionell beschränkten Blickwinkeln operieren und so leicht mit Fragen nationalen
Maßstabs zu überfordern sind. Mithin schwanken die Zahlen zum Ausmaß des funktionalen Analphabetismus in Deutschland beträchtlich:

> Über zwanzig Jahre hinweg wurde für die alten Bundesländer regelmäßig eine Schät-
> zung der Deutschen UNESCO-Kommission zitiert, nach der 0,75 bis 3% der erwach-
> senen Bevölkerung illiterat seien. Für die neuen Bundesländer wurde auf der gleichen
> ungesicherten Grundlage unter zusätzlicher Berücksichtigung bestimmter Schülerzahlen
> (Abgänger/innen aus unteren Klassen, Sonderschüler/innen etc.) 2% geschätzt (Kamper
> 1994, S. 631).

An selber Stelle heißt es später weiter:

> In der deutschen Teilstudie des IALS haben 14,4% der Teilnehmenden (im Lesen) die
> unterste Literalitätsstufe 1 und 34,2% die Literalitätsstufe 2 erreicht (charakterisiert als
> „Menschen, die dürftig lesen können" und „direkt identifizierte Einzelinformationen dann
> miteinander in Bezug zu setzen vermögen, wenn keine erschwerenden Bedingungen gege-
> ben sind"). Ihre Literalität im Schreiben muß wesentlich niedriger angesetzt werden (…).
> Diese Erwachsenen sind also in einem simplen Verständnis kaum als analphabetisiert oder
> illiterat zu sehen. Die Wahrscheinlichkeit ist aber groß, daß sie als „Personen mit unzurei-
> chenden Grundqualifikationen" (…) erscheinen, sobald sie sich mit den Anforderungen
> beruflicher Weiterbildung oder Umschulung auseinandersetzen müssen – mit relativ selbst-
> ständigem Lernen aus Skripten und Handbüchern und an Computern, und das häufig
> unter Bedingungen zeitlicher Befristung und anschließender Prüfung (ebd., S. 634).

In historischer Hinsicht ist zu bedenken:

> In Deutschland wurde die letzte offizielle Erhebung über das Ausmaß des „Analphabe-
> tismus" 1912 im Deutschen Reichsheer durchgeführt. Die Zahlen waren so gering, daß
> dieses Phänomen als nicht mehr existent eingestuft wurde. Damals galt als alphabeti-
> siert, wer seinen Namen schreiben konnte (Egloff 1997, S. 10)

Auf der einen Seite wird die Relevanz literaler Benachteiligung im Lichte allgemeiner Kompetenzstufenmodelle marginalisiert und wahrscheinlich heruntergespielt, auf der anderen Seite werden literale Exklusionen im Zusammenhang mit diversen anderen Missständen disseminiert und wahrscheinlich auch dramatisiert. Einerseits rekurriert man auf Personen in öffentlichen Alphabetisierungskursen, die erhoben und betreut werden, anderseits wird mit sozialpädagogischem Impetus behauptet, dass die „Dunkelziffer zweifellos sehr hoch ist" (Schwänke/Namgalies/Heling 1990, S. 7). So exemplifiziert man etwa:

> Eine Frau mit funktionalem Analphabetismus, die in einer dörflichen Gemeinschaft integriert und in der Forstwirtschaft beschäftigt ist, wird (...) nicht oder wenig in Hinblick auf öffentlichen Unterstützungsbedarf (Exklusionsvermeidung) auffallen. Ein Mann in einer sächsischen Kleinstadt, der wegen mangelnder Schriftsprachkenntnisse seinen Arbeitsplatz als Lagerarbeiter verliert, bei dem an der Arbeitslosigkeit die Familie zu zerbrechen droht, wird gleich in mehrfacher Hinsicht Adressat von Hilfeinstitutionen sein und großen Unterstützungsbedarf sichtbar machen (Wagner/Gintzel 2007, S. 74).

Interessant ist hier die Parallele zur Rehabilitationspädagogik, die im Allgemeinen davon ausgeht, dass Behinderung als komplexer Oberbegriff für Schädigungen, Beeinträchtigungen und Benachteiligungen relational und relativ zu verstehen ist. Das Fehlen eines allgemeingültigen Begriffs von Behinderung bedingt dann eine erhebliche Unsicherheit der statistischen Zählung. Entsprechend ist es unmöglich zu sagen, wie viele behinderte Menschen es überhaupt gibt. Die entsprechenden Schätzungen belaufen sich auf eine Gesamtzahl von sechs bis sieben Millionen behinderter Bürger in der Bundesrepublik Deutschland (vgl. Antor/Bleidick 2001, S. 59 f.).

Die bundesweiten Schätzungen zur Größenordnung variieren wohl nicht nur aus sachlichen Gründen, das heißt aufgrund der kriteriologischen und partiellen oder universalen Bandbreite von Messungen, hinzu kommt, dass diese Schätzungen von verschiedenen Interessenlagen geleitet sind und man, je nach Anliegen, diese oder jene Studie für vergleichbar oder nicht vergleichbar hält. Im Bildungssektor sind die Erwartungen an eine bundesweite Zählung potenzieller Alphabetisierungsteilnehmender gemeinhin hoch und trotz seit Jahren institutionalisierter Angebote eher im Steigen als im Sinken begriffen. So geht man davon aus, dass – insofern die derzeitigen Schätzungen halbwegs zutreffen – die Volkshochschulen kaum mehr als ein Hundertstel der funktionalen Analphabeten in ihr Aktionsfeld, das heißt die Alphabetisierungskurse einbeziehen können (vgl. Hannich u. a. 2006, S. 11). Und es wird ausgeführt:

> In der alten Bundesrepublik gab es nach Schätzungen der UNESCO schon 1988 zwischen 500.000 und 3.000.000 erwachsene Analphabeten. Der verdienstvolle Bundesverband für Alphabetisierung (...) geht für die heutige Bundesrepublik von 4 Millionen

Menschen ohne angemessene Schreibfähigkeit aus, eine Zahl, die nun, aufgrund der Kompetenzquoten der PISA-Studie (die allerdings die Lese-, nicht die Schreibkompetenz prüft), gar nicht mehr phantastisch erscheint (Schlutz 2007, S. 19f.).

Man hofft in diesem Sinne:

> Die Durchführung empirischer Untersuchungen zum Ausmaß des funktionalen Analphabetismus in den neuen Bundesländern bzw. in der Bundesrepublik Deutschland insgesamt würde zu aussagekräftigen Zahlen und damit zur Versachlichung der Diskussion führen. Dunkelzifferschätzungen, die sich nach Belieben manipulieren oder auch anzweifeln lassen, würden dann der Vergangenheit angehören. Gleichzeitig könnte damit erstmals in der Bundesrepublik Deutschland ein Instrument zur Bewertung des Niveaus schriftsprachlicher Fähigkeiten entwickelt werden (Huck/Schäfer 1991, S. 36).

Konzentriert man sich hier auf die sachlichen Schwierigkeiten, dann ist zunächst einmal festzuhalten, dass im Prinzip nichts dagegen einzuwenden ist, wenn lediglich mit „Definitionsversuchen" (Panagiotopoulou 2001, S. 73) operiert wird. Es wäre regelrecht besorgniserregend, sollten empirische Forschungsvorhaben die begriffliche Arbeit für einen Selbstläufer oder gar für entbehrlich halten; der Erkenntniswert eines derartigen Empirismus tendiert gegen Null, weil er weder um seinen Fokus weiß, der es ihm ermöglicht, bestimmte Sachverhalte zu erheben oder auszublenden, noch fähig ist, den ihm eigentümlichen Fokus zu rechtfertigen. Rein deskriptiv lässt sich gar nichts erheben, und so oder anders erhobene Daten verstehen sich auch nicht von selbst; eine Auswahl von Kriterien der Feldbestimmung gehört stets zum wissenschaftlichen Geschäft. Aber selbst abgesehen von der üblichen Varianz empirischen Wissens und auch trotz der erheblichen Fortschritte im Bereich der quantitativen Lernerfolgskontrolle bleibt die Erforschung des funktionalen Analphabetismus ein offenes Feld. Es lassen sich alles in allem miteinander verbundene Fragenkomplexe des Niveaus, der Differenzierung und der Latenz unterscheiden.

Was die *Latenz* des funktionalen Analphabetismus anbelangt, so steht weitgehend infrage, wie in Differenz zu einer literalisierten Sozialität eine Anzahl von Personen erhoben werden kann, die für schriftliche Ansprachen weitgehend unzugänglich sind, ansonsten heterogene Merkmale aufweisen und sich wenn überhaupt, dann in Alphabetisierungskursen gruppieren. Aus der Annahme einer Latenz folgt, dass man sich erst einmal darum bemühen muss, die betreffenden Menschen zu entdecken. Die bisher beforschten lernenden Illiteraten fungieren dabei als Folien, die es erlauben sollen, in privater und öffentlicher Hinsicht auf Erwachsene zu schließen, die nicht in Alphabetisierungsmaßnahmen involviert sind, davon aber profitieren könnten, doch es aus verschiedenen Gründen unterlassen.

Dies führt zur Frage der *Differenzierung* von funktionalen Analphabeten, denn diesbezüglich geht man von einem bestimmten Typus aus und droht sich solange im Kreis zu drehen, bis unterschieden wird zwischen jenen vergleichsweise raren, aber manifesten Lernenden und der latenten Hauptpopulation, welche pädagogische Angebote womöglich nicht nur aus äußeren Gründen nicht wahrnimmt. Zudem legt man durch das Attribut „funktional" nahe, dass in einer Gesellschaft mit differenzierten Exklusionstendenzen auch von differenzierten Arten literaler Exklusion auszugehen ist, das heißt, dass die Qualität und das Ausmaß literaler Benachteiligung je nach literalem Funktionszusammenhang variieren dürfte. Und wenn man eine ganze Nation als Funktionszusammenhang begreift, hat man einerseits einen recht weiten Kontext gewählt, andererseits aber mit potenziellen Alphabetisierungsteilnehmenden eine recht enge Fokussierung vorgenommen. Beides nun sollte ausgewiesen werden, man hat sowohl die Breite des nationalen Kontextes als auch die Enge des Forschungsfokus zu explizieren.

So bedarf es einer Begründung, warum das Ausmaß des funktionalen Analphabetismus in Deutschland bislang immer „unter Ausschluß behinderter Menschen und Ausschluß ausländischer Mitbürger geschätzt" (Panagiotopoulou 2001, S. 73) wurde, und es wäre zu klären, für welchen nationalen Funktionszusammenhang ein organisch bedingter oder migrationsbedingter Analphabetismus per se nicht infrage kommt beziehungsweise welche Typen von literal exkludierten Personen neben dem gesuchten Typ, der potenziellen pädagogischen Klientel, noch auffallen.

Dies betrifft jetzt die Frage nach dem *Niveau* literaler Benachteiligung, so nämlich, wie verschiedene Arten literaler Exklusion zu differenzieren sind, ist auch ein nationaler Inklusionszusammenhang zu explizieren. Man hat ein Funktionssystem mit allgemeinen Kompetenzstufen zu identifizieren, an dessen unteren Rändern sich Arten von Inkompetenz abheben lassen.

Erst, wenn innerhalb der Spannbreite von geringsten und fortgeschrittensten Kenntnissen die Grenze zwischen funktionalem Analphabetismus und dem Status der funktionalen Alphabetisierung gezogen ist, lassen sich auch Aussagen über die gesellschaftliche Größenordnung des Problems vornehmen. Es ist somit erforderlich, durch wissenschaftliche Untersuchungen zu klären, welche Kenntnisse und Fähigkeiten im Lesen und Schreiben für eine Teilhabe im gesellschaftlichen Leben und im privaten Bereich als unverzichtbar anzusehen sind (vgl. Hubertus 1995, S. 252). Doch keine der beiden Aufgaben ist bisher ansatzweise gelöst. In kursierenden Large-Scale-Assessments werden die Stufen vermehrter Inkompetenz in schriftsprachlicher Hinsicht nicht konturiert. Nach wie vor ist fraglich, wie man die „unteren Leistungsbereiche wesentlich differenzierter abbilden" (Hannich u. a. 2006, S. 13) kann. Es wurden auch keine differenzierten Vorstellungen von unteren literalen Leistungsbereichen entwickelt – in der Regel wird nicht einmal ungefähr zwischen potenziellen Alphabetisierungsteilnehmenden und sonstigen Gruppen von funktionalen Analphabeten unterschieden. Es ist demnach zustimmen, wenn man konstatiert:

> Keine der (...) großen Studien (wie PISA, IGLU oder IALS) widmeten sich direkt der
> Quantifizierung des Analphabetismus. In ihren jeweiligen Forschungsinteressen stand eine
> differenzierte Analyse ganzer Kohorten im Mittelpunkt. (...) Die zur Anwendung gebrach-
> ten Unterscheidungsmerkmale entsprachen einer Gesamtsicht, waren aber hinsichtlich ih-
> rer Wahrnehmungsfähigkeit in unteren Leistungsbereichen ungeeignet (ebd.).

Dabei ist zu beachten, dass die Angaben über den quantitativen Umfang des gesellschaftlichen Problems Analphabetismus in industrialisierten Ländern von verschiedenen Faktoren abhängen: Erstens ist zu fragen, ob nur vollständige oder auch funktionale Analphabeten einbezogen werden. Zweitens sind Angaben über die gesamte Gesellschaft
und Angaben über bestimmte Bevölkerungsgruppen zu unterscheiden. Angaben über
das Ausmaß des Analphabetismus unterscheiden sich schließlich auch danach, wie die
Daten erhoben worden sind, beziehungsweise wie der einer Schätzung zugrunde gelegte
Prozentsatz zustande gekommen ist (vgl. Kamper 1990, S. 12). Nach wie vor lässt sich
resümieren:

> Die Frage nach dem quantitativen Umfang von funktionalem Analphabetismus – ge-
> stellt, um das Problem entweder als marginal oder als bedenklich zu deklarieren – ist
> nicht eindeutig zu beantworten: Zahlenangaben in der Literatur weisen zwischen 1–2%
> (400.000–800.000) und 8–15% (3–6 Millionen) der Bundesbürger im Alter von über
> 15 Jahren als funktionale Analphabeten aus. (...) Doch selbst für den Fall, daß sich die
> tatsächliche Zahl funktionaler Analphabeten in der unteren Bandbreite der Schätzun-
> gen bewegt, ist die Gruppe der Betroffenen so groß, daß sowohl die wissenschaftliche
> Erforschung des Problems als auch darauf aufbauende Maßnahmen zur Re-Alphabeti-
> sierung dringend geboten sind. (...) Die Notwendigkeit solcher Maßnahmen wird nicht
> zuletzt durch die in den letzten Jahren stark gestiegene Zahl der Teilnehmer an Lese- und
> Schreibkursen bestätigt (1987: ca. 8.500, 1988: ca. 10.000, 1990: ca. 17.000), infolge
> deren sich die Re-Alphabetisierung als integraler Bestandteil der Erwachsenenbildung
> und als Forschungsgegenstand etablierte (Romberg 1993, S. 15 f.).

Aktuelle Quantifizierungen des funktionalen Analphabetismus sehen sich also mit folgenden Anforderungen konfrontiert:

o   Es geht nicht darum, die Gesamtverteilung der Schriftsprachkompetenzen abzubil-
    den, sondern eine valide Abbildung der Verteilung im unteren Leistungsbereich zu
    garantieren.

o   Die Quantifizierung muss niedrigschwellig sein. Dies bedeutet, dass gerade einer
    Zielgruppe, die alle neuen unabschätzbaren Herausforderungen scheut, ein leichter
    Zugang ermöglicht werden muss.

o   Erhebungen haben relativ unkompliziert und zeitökonomisch zu sein.

Dennoch sind alle Forschungsinhalte zu berücksichtigen. Sowohl ein objektives Testverfahren als auch die Ermittlung minimaler soziostruktureller Daten und ansatzweise auch eine Selbsteinschätzung sollten in der Erhebung kombiniert werden (vgl. Hannich u.a. 2006, S. 18).

An dieser Stelle nun ergibt sich der Problemzusammenhang der Rechtfertigung literaler Grundniveaus und mithin die Frage, wie das Beanstanden literaler Exklusionen beziehungsweise darauf bezogener Fürsorge zu legitimieren ist. Aufgrund ihres Gewichts und ihres Umfangs soll diese Problematik jetzt in einem gesonderten Abschnitt diskutiert werden.

5. Legitimatorische Aspekte

5.1 Allgemein

Trotz der theoretischen Bemühungen, mit der Rede vom funktionalen Analphabetismus oder einer Illiteralität nicht nur Defizitperspektiven zu eröffnen und erst recht nicht nur in subjektiver Hinsicht, ist doch festzuhalten:

> *Ill*iterat oder *an*alphabetisch zu sein, ist vom Begriff her eine Mangelbestimmung, das Fehlen von Literalität, das Nichtverfügen über Schriftsprache. Die Definition von Illiteralität wird von den Bestimmungen von Literalität abgeleitet (Kamper 1994, S. 627, Herv. d. Verf.).

Freilich sind Bestimmungen von Literalität vielfältig, so vielfältig wie die Bestimmungen dessen, was man unter literalen Benachteiligungen verstanden haben will. Und so operiert man gemeinhin mit einem „ausdeutbaren Zugangsbegriff" (Nuissl 1999, S. 551). Dieses Konstrukt aber erweckt mitunter den Eindruck, als wären gar keine literalen Leistungen mehr mangelhaft zu nennen, und erlaubt zugleich, durchaus jede literale Leistung mangelhaft zu nennen. Es ist daher nicht erst die Konkretisierung, sondern bereits die „Definition dessen, was ‚illiterat' bedeutet, unklar und teilweise umstritten" (ebd., S. 550). Unsicher ist, ob und in welchem Sinne mit so etwas wie einem funktionalen Analphabetismus beziehungsweise einer funktionalen Illiteralität (ebd., S. 556) empirisch operiert werden kann.

Die terminologische Heterogenität gründet vor allem in einer ausgreifenden Bedeutung dessen, was man unter literalen Schwächen versteht. Wenn literale Umgangsformen mit anderen Kommunikationsformen und deren kulturellen Feldern verbunden werden, lässt sich nur noch schwer angeben, was im Allgemeinen ein angemessenes Literalitätsniveau sein soll. Dies nun wäre der Aspekt der *Partikularität*; und im Sinne des funktionalen Ansatzes tritt noch der Aspekt der *Historizität* hinzu, welcher die Variabilität von Mangelbestimmungen insgesamt verstärkt. Es ist nur das eine, literale Inkompetenz zu pluralisieren und an mehr oder weniger kleinteilige *Kontexte* zu binden, ein anderes ist es, die *Dynamik* von literalen Formen und Praktiken im Sinne von Kommunikations- oder gar Kulturweisen zu berücksichtigen. Im funktionalen Ansatz kommt die Erkenntnis zum Tragen, dass sich nicht bloß die „Sprache aufgrund der Erfordernisse des kommunikativen Gebrauchs in ständiger Entwicklung befindet" (Trim u. a. 2001, S. 110), sondern auch der kommunikative Gebrauch selbst, samt seiner Abhängigkeit von kulturellen Feldern sowie seinem Einfluss auf diese, dynamisch zu begreifen ist. Demzufolge erübrigen sich für die Bestimmung literaler Schwächen nur partikulare und temporäre Maßstäbe, man hat die Illiteralität also als eine „relative Größe" (Steuten/Korfkamp 2004, S. 30) zu behandeln. Lediglich im Rückgang auf herrschende, mehr oder weniger enge und flüchtige Standards literalen Wissens und Könnens kann zu den jeweiligen Typiken auch eine entsprechende „Legitimation" (Hannich u. a. 2006, S. 8) gefunden werden.

In Forschungskreisen hat man diesbezüglich festgestellt, dass es wichtig ist zu wissen, welche Funktionen mit Lesen und Schreiben erfüllt werden. Ansonsten kann weder Literalität begriffen noch die Auswirkungen des Mangels erkannt werden (vgl. Stagl/Dvorak/Jochum 1991, S. 9). Man hält fest: „Eine Skala wie auch ein Test besitzen Validität in Bezug auf Kontexte, in denen sie sich bewährt haben. Validierung – und das schließt auch quantitative Analysen ein – ist ein permanenter und theoretisch unendlicher Prozess" (Trim u. a. 2001, S. 32 f.).

Je nachdem, aus welchen komplexen Ursachen und Zusammenhängen heraus die Illiteralität entstand, sind Lernfähigkeiten und Lernängste unterschiedlich entwickelt. Sie sind daher auch jeweils individuell zu bearbeiten (vgl. Nuissl 1999, S. 556 f.). Und weiterführend bleibt festzuhalten:

> Der wesentliche Grund dafür liegt in industrialisierten Ländern darin, daß es sich nicht um Menschen handelt, die über keinerlei Lernerfahrungen im Lesen und Schreiben verfügen (wie in vielen sogenannten unterentwickelten Ländern), sondern daß es sich in der Regel um Menschen handelt, die in unterschiedlichem Umfang und mit unterschiedlichen Folgen Lesen und Schreiben *gelernt* und auch *verlernt* haben (ebd., S. 550, Herv. d. Verf.).

„Literacy" als soziale Handlung zu definieren und eine Vielfalt von „literacies" anzuerkennen bedeutet somit, dass es nicht möglich ist, nach „wie viel" „literacy" zu fragen. Eine soziale Handlung kann nicht restlos quantifiziert werden, weil sie nicht ein einzelnes Phänomen ist, das in Form einer Liste von Merkmalen spezifiziert werden könnte. „Literacy" in dieser Weise zu sehen, bedeutet entsprechend, dass es keinen absoluten Fixpunkt gibt, der anzeigt, wie viel „literacy" Menschen bedürfen. Welche literalen Handlungen Menschen im Einzelnen benötigen, um am gesellschaftlichen Leben teilnehmen zu können, hängt von ihren Absichten ab und wird sich wahrscheinlich im Laufe der Zeit verändern (vgl. Ivanic/Barton/Hamilton 2004, S. 19 f.).

In den bisherigen Darstellungen wurde die Heterogenität literaler Schwächen in verschiedenen Hinsichten nur entfaltet, mitnichten aber enthebt die Pluralität an Maßgaben eines Begründungsaufwandes. Ganz im Gegenteil: Je mehr Standards miteinander konfrontiert sind, umso eher auch hat man nach ihrer Legitimität zu fragen. Mag die „Bestimmung des Minimalkatalogs" (Hubertus 1995, S. 253) an literaler Kompetenz auch noch so partikulär und temporär verstanden sein: Es harrt in jedem kleinen, flüchtigen Kontext einer Begründung, weswegen gewisse literale Umgangsformen in subjektiver und objektiver Hinsicht dysfunktional sein sollen, wieso ihre Maßgaben sich anders gestalten als in anderen Kontexten und was im Falle von Kontextüberschneidungen für sie und gegen andere Maßgaben spricht. Stets fragt sich betreffs der jeweiligen Kontexte und Zeitrahmen, „welcher Grad an Schriftsprachlichkeit als individuell und gesellschaftlich notwendig erachtet wird und wer dies nach welchen Kriterien bestimmt" (Kamper 1990, S. 32). Ausführlich wird erklärt:

> In den Ländern mit einer weitgehend durchgesetzten allgemeinen Schulpflicht gibt es
> verhältnismäßig wenig Menschen, die deshalb nicht lesen und nicht schreiben können,
> weil sie nie eine Schule besucht haben. Das bedeutet, daß die allermeisten Analphabe-
> ten in diesen Ländern Erfahrungen mit Schule und mit dem Lernen der Schriftsprache
> gemacht haben und dabei auch rudimentär Kenntnisse erworben haben. Also hängen
> besonders in diesen Ländern die Ergebnisse von Untersuchungen zum Ausmaß des Pro-
> blems wesentlich von den zugrundegelegten Definitionen für Analphabetismus ab bzw.
> davon, wie „alphabetisiert sein" bestimmt wird. Neben der allgemein üblichen Setzung
> von Kriterien gibt es einige wenige Versuche, jenes Niveau von Schriftsprachkundig-
> keit (literacy) zu erforschen, das in einer industrialisierten Gesellschaft auf der aktuellen
> Entwicklungsstufe oder auch nur für einen bestimmten Beruf notwenig ist (functional
> literacy) – und dessen Unterschreitung einen Menschen dann zum „funktionalen An-
> alphabeten" macht (ebd., S. 31).

5.2 Pädagogische Perspektiven

Die Debatte um das Phänomen eines sogenannten funktionalen Analphabetismus in Deutschland wurde bislang stark von pädagogisch-praktischer Seite geführt. Man hat von vornherein bestimmte Personengruppen im Blick, Menschen, die offensichtlich von literalen Anforderungen im privaten und öffentlichen Raum überfordert sind, weil sie entsprechende pädagogische Angebote aufsuchen. In dieser praktischen Hinsicht scheint die Legitimation literaler Mindeststandards nicht weiter problematisch zu sein, sie ist in gewisser Weise nämlich schon durch die artikulierte Hilfsbedürftigkeit der Betroffe-nen beantwortet. Weshalb auch immer bestimmte Standards gelten mögen, warum be-stimmte Personen sich selbst als dysfunktional empfinden mögen, von praktisch-päda-gogischer Warte aus wird vor allem darauf abgehoben, *dass* es so ist, und folglich, dass den Betroffenen geholfen werden muss. Man verlässt sich hierbei hauptsächlich auf die subjektive Wahrnehmung. Diese rechtfertigt die Annahme von literalen Grundniveaus, welche in der Alphabetisierungsarbeit angestrebt werden. Und in diesem relativ unproblematischen Sinne hält man dann auch eine bundesweite Quantifizierung funktionaler Analphabeten für durchführbar und begrüßenswert. Zum Beispiel meint man:

> Der Mangel an verlässlichen Zahlen über die Größenordnung der Schriftkundigen führt bei Bildungspolitikern gelegentlich dazu, das Ausmaß des Analphabetismus zu verharmlosen, entschiedene Maßnahmen zur Prävention hinauszuzögern und die Verbesserung der Rahmenbedingungen für die Alphabetisierung Erwachsener zu vernachlässigen. (…) Bei Vorliegen einer entsprechenden Studie wäre es vermutlich leichter, entschiedene Maßnahmen zur Verhinderung von Analphabetismus sowie einer verbesserten Alphabetisierungsarbeit einzuleiten (Hubertus 1995, S. 253 f.).

Zudem werden von praktisch-pädagogischer Seite – gemäß der fokussierten Personengruppe: der *lernenden* Illiteraten – literale Benachteiligungen stets mit einer Benachteiligung viel allgemeinerer Art verknüpft. Man macht etwa einen engen „Zusammenhang zur Armut" (Kamper 1994, S. 633) geltend und nicht bloß in finanzieller Hinsicht, sondern ebenso im Sinne eines geringfügigen Sozial- und Bildungskapitals. Zum Beispiel wird uneingeschränkt festgestellt, dass der funktionale Analphabetismus mit Armut beziehungsweise Bildungsarmut entstehe. Der funktionale Analphabetismus sei häufig Ursache für Arbeitslosigkeit und zementiere damit Armut. Er produziere tendenziell Verschuldungssituationen, Gesundheitseinschränkungen, Isolierung und Ausgrenzung, also soziale Exklusion (vgl. Wagner/Gintzel 2007, S. 77). Und an anderer Stelle meint man, es sei nicht relevant,

> wie die Teilnehmer von Lese- und Schreibkursen letztendlich genannt werden, wesentlich wichtiger erscheinen (…) doch die Gemeinsamkeiten, die diese Menschen haben, trotz ihres unterschiedlichen Wissenstandes: die aufgrund ausgesprochen hoher gesellschaftlicher Bewertung von Rechtschreibnormen vorhandene (lebenslange) Angst vor Entdeckung ihres Defizits, das Vermeiden von Situationen, in denen Schriftsprachkenntnisse verlangt werden, die Diskriminierungserfahrungen, das oftmals negative Selbstbild, die vielfältigen und anstrengenden Bewältigungs- und Vermeidungsstrategien und die infolge all dieser Aspekte allgemeine Beeinträchtigung der Lebenssituation (Egloff 1997, S. 118).

Im Vergleich zu infantilen Analphabeten heißt es von erwachsenen Betroffenen dann, dass sie in die Erwachsenenwelt hineingeraten sind, ohne jedoch deren zentrales Kommunikationsinstrument ausreichend zu beherrschen. Sie befinden sich also in der Minderheit. Vielfach sind sie wohl gänzlich isoliert und alleingelassen, was die mangelnde Lese- und Schreibkompetenz angeht. Ihr Weg in eine Bildungsinstitution ist nicht selbstverständlich. Mit dem Nachholen von Lesen- und Schreibenlernen ist eher eine soziale Ächtung verbunden (vgl. Nuissl 1999, S. 559). Und wo die Rede von Literalität auf einen ökonomischen, volkswirtschaftlichen Sinn beschränkt bleibt, dort sucht man sie durch allgemeine Bildungsaspekte zu ergänzen und gibt zu bedenken, dass in der deutschen Alphabetisierungs-/Grundbildungspraxis eine zunehmende Berufsorientierung festzustellen ist. Literalität ist jedoch mehr als arbeitsplatzbezogene Literalität (vgl. Linde 2007, S. 94).

Nicht, dass eine derart praktisch-pädagogische Fokussierung unberechtigt wäre, sie hat in Hinblick auf die Gruppe der Alphabetisierungsteilnehmenden durchaus ihre Berechtigung und allem Anschein nach sind auch außerhalb von Alphabetisierungskursen viele Menschen anzutreffen, deren literale Schwächen mit geringem Sozial- und Bildungskapital einhergehen. In dieser Perspektive bleibt unterdessen weitgehend selbstverständlich, dass im literalen Umgang zu erfüllende Standards existieren und dass die Erfüllung dieser Standards sich mit öffentlichem und privatem Erfolg verbindet: Man sucht und findet literal benachteiligte Personen vor allem in allgemein benachteiligten Milieus, wobei man sie meist anhand von schriftsprachlichen Grundschulniveaus identifiziert. Doch dabei bleibt in der Regel unbedacht, dass es auch literal benachteiligte Personen geben könnte, die durch sonstige Benachteiligungen nicht auffallen, und dass das, was unter Benachteiligung verstanden wird, womöglich selbst variabel zu verstehen ist. Angenommen, die soziale Wirklichkeit von Literalität gestaltet sich nicht homogen und entspricht nur bedingt schulischen oder ökonomischen Vorgaben, ist es in dem Fall nicht als eine zumindest auszuweisende Engführung anzusehen, wenn literale Schwächen stets nur mit auch sonst benachteiligten Milieus in Verbindung gebracht und an Standards eines Deutschunterrichts oder einer ökonomischen Behauptung gemessen werden? – Wahrscheinlich lassen sich literale Schwächen auf vielen Niveaus finden, denn was sich in einem Kontext als Nachteil darstellt, kann in einem anderen als normal oder gar als überdurchschnittlich gelten beziehungsweise kann vielleicht auf unterschiedlichen literalen Niveaus erfolgreich sein.

Hiermit ist nun die Frage aufgeworfen, von welchem Kontext man jeweils ausgeht, wie ideell die Annahme homogener literaler Ansprüche ist und ob man eventuell bevormundend agiert, wenn man allgemeine literale Standards annimmt und ihr Nichterreichen dann kurzerhand mit diversen anderen Schwächen in Verbindung bringt. Eingedenk des soziologischen Gemeinplatzes einer wachsenden gesellschaftlichen Differenzierung oder allgemeinen Exklusionstendenz sowie einer mithin nicht mehr unproblematischen, sondern legitimationsbedürftigen Übertragung literaler Standards von einem Kontext auf den anderen ist zu bemerken, dass in der politischen und praktischen Diskussion der *wissenschaftlichen* Bearbeitung der Frage, was unter Literalität und Illiteralität verstanden wird, verhältnismäßig wenig Aufmerksamkeit gewidmet wird (vgl. Kamper 1994, S. 628). Jedoch sind Untersuchungen und Auseinandersetzungen zur Frage, welcher Grad an Schriftsprachlichkeit als individuell und gesellschaftlich notwendig erachtet wird und wer dies nach welchen Kriterien bestimmt, außerordentlich interessant und für die Entwicklung einer allgemeinen Alphabetisierung außerordentlich wichtig (vgl. Kamper 1990, S. 32).

Selbst dort, wo literale Benachteiligungen auf wissenschaftlichem Niveau diskutiert werden, findet man die aufgrund unterschrittener Literalitätsstandards angenommene und zweifellos bestehende Hilfsbedürftigkeit der Betroffenen kaum reflektiert oder wenigstens eingegrenzt. Anstelle dessen geht man von schulischer, politischer oder ökonomischer Seite von wechselnden Grundniveaus aus und differenziert diese dann bloß in methodisch anspruchsvoller Weise. Was solche Ausdifferenzierungen legitimiert und dass hierbei reale soziale Felder womöglich mehr aufgefordert als abgebildet werden, scheint nicht allein in praktisch-pädagogischer, sondern ebenso in erziehungswissenschaftlicher Perspektive weitgehend unbedacht zu sein. Weil man mittlerweile sogar in empirischer Hinsicht recht unproblematisch auf vorgegebene Bildungskanons und eine damit vorgegebene Bedürftigkeit rekurriert, ist es an der Zeit, in Forschungskreisen zu fragen, ob die bisher entwickelten Erhebungen so angelegt sind, dass sie die im Alltagsleben eines Erwachsenen benötigte Grundbildung angemessen beschreiben. „Orientieren sich die Erhebungen nicht zu stark an einer erziehungswissenschaftlichen Konzeption des Wissensbegriffs?" (Jeantheau 2007, S. 68). Von einer weniger am Bildungssystem sowie an lernenden Illiteraten ausgerichteten Forschung werden „hinsichtlich der Schriftsprachkompetenzen der Informanten sehr große Unterschiede" (Egloff 1997, S. 114) festgestellt, und erst diesbezüglich gestaltet es sich dann auch „sehr schwierig (…), brauchbare Kriterien (…) zu finden" (Heller 2004, S. 33). Unterdessen wird auch bemerkt:

> Wie gut und in wie vielen unterschiedlichen Bereichen muss jemand (in Deutschland) lesen und schreiben können, um sich in einer hochgradig schriftlich vermittelten Umwelt einigermaßen sicher zu fühlen – und vor allem, um sich nicht vor herablassenden oder abfälligen Bemerkungen über seine Ungebildetheit, sprich: Dummheit zu fürchten? (…) Im Grunde ist die Frage ein Fortschritt gegenüber der Anfangszeit, wo es schwierig war, jemanden klarzumachen, dass es nicht einen festen Punkt gibt, an dem sich „alphabetisch" von „alphabetisiert" unterscheidet, dass die Metapher eines Kontinuums angemessener wäre. Trotzdem ist das Bestimmen einer *Menge* von Lesen und Schreiben eine schwierige Aufgabe (Kamper 2004, S. 25, Herv. d. Verf.).

In einem ersten, um Überblick bemühten Anlauf lassen sich drei Bezugsarten literaler Hilfsbedürftigkeit differenzieren: Zu unterscheiden sind allgemeine, spezifische und individuelle Standards der Schriftsprachbeherrschung. Alle drei Legitimationsarten kommen nicht nur in Hinblick auf formallinguistische Defizite zur Anwendung, sondern lassen sich auch allgemein auf die Legitimation von angenommener Bildungsarmut übertragen. In dem Fall unterbieten Betroffene ihre eigenen Lebenserwartungen, genügen partiellen und temporären Gesellschaftsanforderungen nicht oder scheinen im Lichte gesamtgesellschaftlicher Bildungsziele hilfsbedürftig zu sein.

Was den *allgemeinen* legitimatorischen „Bezug auf einen normativ gesetzten gesellschaftlichen Standard der Allgemeinbildung" (Brügelmann 2004, S. 16) betrifft, so fällt es zurzeit schwer, verlässliche Orientierungspunkte aufzuzeigen. Die Bildungslandschaft wird momentan weniger in ihren Möglichkeiten als vielmehr in ihren Gegebenheiten – und zudem weniger großräumig als partiell und temporär – begriffen. Im Grunde genommen spricht man eher von Bildungsprozessen als von Bildungsgütern und eher von selbstverständlichen oder offenen Prozessen als von ungewöhnlichen oder gezielten Veränderungen. Diese gleichzeitige Verflüssigung und Vergegenständlichung von Bildungsansprüchen, das Verschwimmen von fixen Bildungshorizonten, von gestandenen Idealen auf der einen Seite und die Justierung von gegebenen Bildungsmomenten, von realen Beständen auf der anderen Seite, kommt dem zweiten Legitimationsansatz entgegen.

Wenn man sich nämlich in Bildungsbelangen *spezifisch* „an tatsächlichen Anforderungen in konkreten gesellschaftlichen Bereichen, insbesondere in unterschiedlichen Berufsfeldern" (ebd.) orientiert, so geht man von bestimmten Gegebenheiten und deren Entwicklungen aus, ohne sie weiter in ideale oder übergreifende Zielbestimmungen einzuordnen.

Vom individuellen Legitimationsansatz schließlich wird diese Tendenz nur fortgesetzt: Je mehr man sich auf *individueller Ebene* „auf die Selbsteinschätzung von Personen, das heißt auf ihre subjektive Zufriedenheit mit der eigenen Leistung im individuellen Lebens- und Berufsalltag" (ebd.) beruft, umso kurzsichtiger und zerfahrener werden sich Bildungsansprüche auch gestalten.

Alles in allem ist gegenwärtig wohl der spezifische Legitimationsansatz am gängigsten; mit ihm wird sich auf keine großen Bildungsideale eingelassen, sondern versucht, dieselben offenzulassen und sich auf begrenzte, gegebene Ansprüche zurückzuziehen. Im Allgemeinen will man lediglich darum bemüht sein, einen „Bildungsprozess im Fluss zu halten, der alle in alle Richtungen einbindet" (Schneider/Gintzel/Wagner 2008, S. 21), denn angeblich sind „Bildungsprozesse als solche kontingent" (ebd.). In der Perspektive von Lehrern wird hierzu etwa erläutert:

> Früher wurde gefragt: „Wer erzieht die Erzieher?" Es wurde als Paradox begriffen, da die beabsichtigte Erziehung als Befreiung aus verinnerlichten Vorurteilen verstanden wurde und somit auf eine Gesellschaft hin wirken sollte, die es weder gab, noch die Erzieher und Erzieherinnen selbst in der angestrebten Freiheit erzogen waren. Heute könnte dies in die Worte gefasst werden: „Wer bildet die Bilder (die Bildungsvermittlerinnen und Bildungsvermittler)?" Auch hier muss nunmehr konstatiert werden, dass es keinen endgültigen Bildungskodex gibt und somit auch keine Wissensvermittler, die auf gesichertes Bildungsgut zurückgreifen könnten, welches morgen noch uneingeschränkt gültig wäre.

> Die Antwort kann nur lauten: Es ist ein Bildungsprozess im Fluss zu halten, der alle in alle Richtungen einbindet, dabei in seiner Zielrichtung offen ist und zugleich überschaubar und konkret im nächsten Schritt (ebd.).

Man geht unterdessen aber davon aus, zumindest zeitlich und räumlich begrenzte Ansprüche identifizieren zu können, also partielle Ansprüche, die die Individuen mehr oder weniger übersteigen und einbinden. Wenn überhaupt, so werden behauptete Notwendigkeiten im Bildungssektor in jenem Zwischenraum begründet. Ob bei Standards der Frühförderung, des mathematischen oder handwerklichen Geschicks, des Medienumgangs, der Charakterbildung, der Klassifizierung von Hauptschüler/inne/n und Hochbegabten oder eben bei der Schriftsprachbeherrschung, in aller Regel wird davon ausgegangen, dass „alle Einschätzungen gesellschaftsrelativ sein müssen" (Hannich u.a. 2006, S. 29). Etwa führt man aus:

> Was vor 20 oder 10 Jahren richtig und angemessen war, kann an den heutigen Problemkonstellationen der sich abzeichnenden Wissensgesellschaft völlig wirkungslos vorbei gehen. (…) Die Vorstellung, dass man „ausgelernt" hat, scheint somit für alle Menschen und Berufsgruppen radikal obsolet geworden zu sein (Schneider/Gintzel/Wagner 2008, S. 19).

Daraus folgt, dass eine empirisch nachprüfbare und messbare Mindestnorm weder durch Selbsteinschätzung noch durch ein für alle mal feststehendes Kompetenzvolumen definiert werden kann. Diese Normierung kann allein aus gesellschaftlichen Prozessen abgeleitet und legitimiert werden (vgl. ebd., S. 34). Die individuellen Kenntnisse der Schriftsprache erfahren ihren Wert wohl an dem in der konkreten Gesellschaft definierten mindestens notwendigen Grad der Schriftsprachkompetenz (vgl. Linde 2004, S. 27). Forschungslogisch betrachtet wird deutlich, dass sich die Operationalisierung der Forschung am Problem der gesellschaftlichen Mindestanforderungen der Alphabetisierung und deren institutioneller Legitimation bewähren muss (vgl. Schneider/Gintzel/Wagner 2008, S. 33).

Was insbesondere literale Mindeststandards anbelangt, so versucht man, auch diese weniger im Rückgang auf universale Ansprüche, sondern mehr und mehr im Aufzeigen von spezifischen Tatbeständen zu begründen. Dass es – noch immer oder schon wieder – legitim erscheint, eine Gruppe von Analphabeten für bedürftig zu halten, scheint maßgeblich dadurch zustande kommen, dass in bestimmten Sozialräumen literale Funktionen tatsächlich eine Wandlung erfahren haben, dass man sie – zumindest partiell – in Zunahme begreifen muss.

Es ist keine Neuigkeit, dass das Wort Analphabetismus oder Illiteralität den gemeinten Sachverhalt nicht trifft, streng genommen gibt es in literal geprägten Gesellschaften bereits seit Jahrhunderten kein Analphabetentum mehr, sondern nur mehr literale Schwächen, die je nach kulturellem Standard anders zu bestimmen sind. In diesem Sinne gibt man etwa zu bedenken, dass die Schüler/innen am Ende der Grundschulzeit bereits über beachtliche sprachliche Fähigkeiten verfügen, doch eine hoch literalisierte Gesellschaft weit höhere Ansprüche an ihre Mitglieder stellt (vgl. Harsch u. a. 2007, S. 45).

Und daran soll man erkennen: „Die Zeitgeschichte ist der Rahmen, in dem das individuelle Leben abläuft" (Egloff 1997, S. 130). Ferner gibt man zu bedenken: „Einig darüber sind alle, ‚Analphabeten im Wortsinn' gibt es in Schriftkulturen nicht" (Panagiotopoulou 2001, S. 60).

Allerdings kann es sich, bei aller lokalen und temporalen Spezifität literaler Standards und ihrer weitgehend unproblematischen Tatsächlichkeit, nur bedingt fügen, wenn unterschiedliche informelle Lernobjektivationen und eine Vielfalt tatsächlicher Schriftsprachfunktionen betont werden und man zugleich versucht, komparative formelle Lernobjektivationen, das heißt ein internationales Schriftsprachniveau, zu erheben. So bemüht man sich in diesem Sinne von Anfang an um eine Schriftfähigkeit für alle, die der Teilhabe an Arbeit und Gesellschaft dient. Analphabetismus und Alphabetisierungsnotwendigkeit erscheinen dann nicht mehr als fixe Größen, sondern als relative Bestände innerhalb eines Kontinuums von kulturellen Anforderungen (vgl. Schlutz 2007, S. 19).

Während das funktionale Schriftsprachmodell an bestimmte Sozial- und Zeiträume gebunden ist und mithin tendenziell kleinteilige, dafür jedoch tatsächliche Standards geltend macht, bietet sich ein Schriftsprachmodell, mit dem pauschale formelle Standards zu setzen sind, eher für großräumige Erhebungen an, obzwar es tendenziell reale Schriftsprachverwendungen vernachlässigt. Mit formellen, zumeist an schulischen Maßgaben orientierten Schriftsprachstandards wird das Gewicht normalerweise auf gewisse Egalitätsansprüche gelegt, wohingegen man mit funktionalen, meist an beruflichen Maßgaben orientierten Standards stets eine Heterogenität literaler Umgangsformen transportiert. Nimmt man den funktionalen Ansatz als Vorlage und beruft sich zur Legitimation von Standards entsprechend auf spezifische Tatbestände, so ergibt sich in der Regel ein Widerspruch zur ursprünglichen Relativität des Konzepts: Häufig gilt die Vollendung der Sekundarstufe als Grenze zwischen ausreichender Literalität und funktionalem Analphabetismus (vgl. Kamper 1994, S. 627). Zum Beispiel wird darauf aufmerksam gemacht:

Seit 1945 hängen die Anstrengungen, allgemeine Literalität zu erreichen, eng mit der Geschichte der Alphabetisierungsaktivitäten der UNESCO zusammen. Allerdings besteht eine gewisse Spannung zwischen den Anstrengungen zur Erwachsenenalphabetisierung und der Vorstellung, hohe Literalitätsraten in einer Bevölkerung seien in erster Linie über die Beschulung der Kinder zu erreichen (ebd.).

Und von politischer Seite aus erscheinen Überlegungen absurd, denen zufolge Sprach-beherrschungs-Niveaustufen oder Anforderungsprofile im Lesen und Schreiben für einzelne Berufsgruppen festgelegt werden, etwa in dem Sinne, dass es für eine/n Hilfs-arbeiter/in ausreiche, die Überschriften der BILD-Zeitung lesen zu können, während ein/e Techniker/in die dazugehörigen Texte entziffern können müsse. Dies würde dann bedeuten, dass einerseits auf wachsende und sich verändernde Anforderungen nicht flexibel reagiert werden könnte und dass anderseits das Verbleiben der Menschen in den „untersten Niveaustufen" festgeschrieben würde (vgl. Bulmahn 2004, S. 40).

Die Implementierung verbindlicher Schulansprüche in den funktionalen Ansatz hat neben einer weitgehenden Homogenisierung außerdem noch einen anderen Ef-fekt: Sie legt immer auch eine schulische Hilfsperspektive nahe. Wenn literale Benach-teiligungen in Form schulischer Defizite festgestellt werden, dann scheinen sie auch auf schulischen Wegen behebbar zu sein. Die Betroffenen können schlecht beschult worden sein oder ihr schulisches Wissen und Können wieder verloren haben, in jedem Fall hält man hier eine schulische Nachhilfe für die beste pädagogische Option. So kommt man zu dem Schluss: „Im Vergleich zum primären Analphabetismus erschei-nen also die Gründe für den funktionalen Analphabetismus eher vermeidlich" (Pana-giotopoulou 2001, S. 71).

Das hiesige Thema ist nun weniger die Alphabetisierung und ihr spezifisches Bedingungsgefüge als vielmehr die Legitimation literaler Grundniveaus, weitgehend unbesehen jeweiliger pädagogischer Anschlussmöglichkeiten. Auf die Gefahr, in eine gewisse Redundanz zu geraten, liegt es diesbezüglich nahe, quer zu den bisherigen Unterscheidungen von mehr oder weniger universalen Legitimationsansätzen noch einmal ausdrücklich zwischen eher *formallinguistischen* beziehungsweise techni-schen und den eher *soziallinguistischen* oder partizipatorischen Ansätzen zu diffe-renzieren. Entlang dieser Unterscheidung kann man die Einsatzpunkte von Standards der Schriftsprachbeherrschung, von außen betrachtet, eventuell sogar am einfachsten erschließen.

5.3 Formallinguistische Perspektiven

Sofern man sich bemüht, literale Mindeststandards zu legitimieren, zieht man nach wie vor immer auch orthographische, grammatikalische oder phonologische Strukturen heran. Man rekurriert hiermit nicht nur auf die Bedeutung von Schriftsprache, also auf die textlichen, alltäglichen, privaten oder beruflichen Bedeutungen, sondern zudem auf Formen der Schriftsprache selbst, auf die geregelte Geltung eines abstrakten Symbol-systems. So erklärt man, dass linguistische Kompetenz als Kenntnis der formalen Mit-tel, aus denen wohlgeformte, sinnvolle Mitteilungen zusammengesetzt und formuliert werden können, definiert ist. Zudem ist entscheidend, ob die Fähigkeit besteht, diese Mittel auch verwenden zu können (vgl. Trim u. a. 2001, S. 110). Und man differenziert zwischen:

o Erwachsenen, die zwar Namen und Adresse schreiben können und einzelne Grapheme kennen, aber ansonsten des Lesens und Schreibens unkundig sind,

o Erwachsenen, die nur mit großer Mühe Texte auf geringem bis mittlerem Sprachniveau lesen, aber kaum schreiben können,

o Erwachsenen, die zwar lesen, aber nur fehlerhaft schreiben können und aufgrund ihrer mangelhaften Orthographie Situationen meiden, in denen sie schreiben müssen (vgl. Romberg 1993, S. 30).

Die Geltung bestimmter formaler Regeln scheint ein sicherer Referenzpunkt zu sein, auch wenn man Literalität in Wirklichkeit nicht immer angemessen handhabt, gewisse literale Umgangsformen soll es doch geben. Unabhängig davon, wie Schriftsprachformen sich tatsächlich oder speziell im Bildungssektor gestalten, wesentlich bezogen auf eine weitgehend „abstrakte Textnorm" (Harsch u. a. 2007, S. 42), verweist man im Horizont einer bestimmten Schriftsprachtheorie auf diese oder jene orthographischen, grammatikalischen oder phonologischen Regeln und rückt in Hinblick auf literale Grundbildung oder gravierende literale Inkompetenz aktuell besonders ein *„phonologisches Bewusstsein"* (Solstad Rustad 2007, S. 116, Herv. d. Verf.) ins Zentrum der Aufmerksamkeit. Vor allem Schwierigkeiten bei der schriftsprachlichen Umsetzung des Lautsystems sind für eine „ernste Illiteralität" (ebd., S. 115) kennzeichnend.

Man unterscheidet in diesem Sinne etwa „lautlich willkürliche Schrift, lautlich orientierte Kurzschrift, lautliches Schreiben, normgerechtes Schreiben" (Nuissl 1999, S. 560). Literale Mindeststandards scheinen anhand phonologischer Niveaus am adäquatesten zu kennzeichnen, anhand von Niveaus, die aufgrund der Verfassheit von Schriftsprache legitimerweise anzunehmen sind. So wird erklärt:

> Lesen lernen bedeutet, die grundlegenden alphabetischen Prinzipien zu entdecken und von ihnen zu profitieren. Da die Buchstaben hauptsächlich abstrakte Sprachtöne darstellen, ist es von großer Bedeutung für den Leser, Zugang zu bekommen zu jenem geschlossenen Modul, mit dem Sprache gehandhabt wird. Dieses wird linguistisches Bewusstsein oder phonologische Aufmerksamkeit bzw. *phonologisches Bewusstsein* genannt. Sich der Sprache bewusst zu sein, bezieht die Reflexion und die Handhabung der Struktur einer Äußerung mit ein, welche von der Bedeutung getrennt wird. Die Schüler müssen erlernen, Wörter in Phoneme und Silben zu zerteilen. Um erfolgreich zu sein, müssen Lernende die Sprache von einer äußeren Perspektive wahrnehmen (Solstad Rustad 2007, S. 116, Herv. d. Verf.).

Und in einem weiteren, auch semantische Dimensionen umfassenden Schriftsprachhorizont sind folgende Merkmale zu beachten:

o   kognitive Operationen zum Lösen spezifischer Aufgaben (z. B. Suchen von Informationen beim Lesen eines Textes),
o   Schwierigkeit hinsichtlich spezifischer inhaltlicher Kriterien (z. B. Wortschatz eines Lesetextes),
o   spezifische Phänomene im jeweiligen Leistungsbereich (z. B. Bilden von Konjunktiv-Formen in einem Grammatiktest),
o   Aufgabenformate (z. B. geschlossene vs. offene Antworten).

Nach Benennung und Beschreibung derartiger relevanter Aufgabenmerkmale muss durch Fachexpert/inn/en eine Einschätzung jeder Aufgabe eines Tests hinsichtlich dieser Merkmale vorgenommen werden (vgl. Hartig 2007, S. 88 f.).

Jedoch finden formallinguistische Legitimationen sich als solche nicht unbedingt ausgeführt; oftmals sind sie auch institutionellen Bezügen immanent und es scheint vor allem das Schulsystem zu sein, welches für richtige literale Formate bürgt. Nicht selten finden sich schulische Standards als legitimierende Mittel herangezogen, Maßgaben des Deutschunterrichts werden dann wie didaktische Objektivationen eines idealen Kodexes behandelt. Schul- oder Bildungssysteme können auch als letzte Instanz literaler Formate angesehen werden, in dem Fall hat man es weniger mit einer idealen als vielmehr mit einer historisch-pragmatischen Auffassung zu tun. Hier beruft man sich auf institutionelle, nur begrenzt verbindliche Prägungen der Literalitäsformen, auf das diesbezüglich „jeweils aktuell vom Bildungssystem vorgegebene allgemeine Inklusionslimit" (Schneider/Gintzel/Wagner 2008, S. 35), anstatt abstrakte, allgemeine Literalitätsformen weiter ins Feld zu führen. Geltend gemacht wird ein mehr oder weniger temporärer und lokaler Kodex.

Derweil das jüngst veröffentliche *Assessment* von *PASS alpha* (Pro Alphabetisierung. Wege in Sachsen) ein Beispiel für einen historisch-pragmatischen Legitimationsansatz sein könnte, ging das Bemühen von *PISA* (Programme for International Student Assessment) von Anfang an dahin, zumindest über die lokale Varianz schulischer Standards hinauszugelangen. Bei PISA wollte man eine möglichst verbindliche Legitimation literaler Maßgaben geltend machen und rekurrierte darum auf einen allgemeinen Entwurf weitgehend formallinguistischer Literalitätsniveaus. Man argumentiert:

> In Anbetracht einer großen internationalen Vielfalt von Lernplänen verzichtet PISA auf eine enge Orientierung an diesen kodifizierten Lernvorgaben. Die Studie konzentriert sich vielmehr auf eine Untersuchung von Kompetenzen in Schlüsselbereichen, die aufgrund der aktuellen Forschungslage als *notwendige Voraussetzungen für weiterführende Lern- und Bildungsprozesse* angesehen werden (PISA-Konsortium Deutschland 2007, S. 37, Herv. d. Verf.).

Die vorgebrachte legitimatorische Kritik an PISA zielt jedoch weniger auf den universellen Anspruch überhaupt, sondern vielmehr bloß auf die Art und Weise seiner Begründung. Im Lichte einer allgemeinen „Verflüssigung der Lerninhalte" (Schneider/Gintzel/Wagner 2008, S. 19) sind die internationalen Schriftsprachmaßgaben von PISA noch zu statisch, es wird sich abgewandt von einem „normorientierten Vergleich" (Klieme 2004, S. 13) beziehungsweise hingewandt zu einer sachlogisch legitimierten Komparatistik. Am besten ist wohl eine „stetige, pragmatisch-praxisorientierte Lernzielerfassung" (Schneider/Gintzel/Wagner 2008, S. 19) auf den Weg zu bringen, worüber man das „professionelle Wissen über sprachbezogene Bildungsprozesse erweitern" (Beck/Klieme 2003, S. 385) kann. Dies soll aber nur mehr „kriteriumsorientiert" (Klieme 2004, S. 13), anhand eines Katalogs sogenannter „Aufgabenmerkmale" (Hartig 2007, S. 88) gewährleistet werden. Mit der im Zuge von PISA konzipierten, „von vorne herein pragmatisch" (Beck/Klieme 2007, S. 5) angelegten Längsschnittstudie *DESI* (Deutsch Englisch Schülerleistungen International) wurde dann versucht, auf jene Kritik einzugehen, und sich also um eine nicht normative, sachlogisch begründete Forschungsanlage bemüht. Hierbei ging man folgendermaßen vor:

> Für die Auswertung wird ein Anforderungskatalog entwickelt, der das Textverständnis der Projektgruppe in Absprache mit dem Konsortium widerspiegelt. Die daraus entwickelte abstrakte Textnorm wird als grundlegendes Raster für alle Texte verwendet und für die jeweils spezifische Testaufgabe aktualisiert. Damit kann diese Norm als Maßstab zum Messen konkreter Texte verstanden werden (Harsch u. a. 2007, S. 42).

Außerdem wird im Rahmen von DESI versucht, mit einer erweiterten linguistischen Perspektive zu messen. Zwar bleibt man auf schulische Lernleistungen bezogen und lässt deren sozialen Kontext unberücksichtigt, doch die literalen Lernleistungen werden als ein Komplex von Fertigkeiten behandelt, welcher sogar Verständnisvorgänge einschließen soll. Die Kriterien der Bewertung sind dabei nicht nur dem Feld selbst entnommen, es wird der schulischen Realität noch dadurch Rechnung getragen, dass man Leistungsbereiche wie „Lesen, argumentatives Verständnis, Rechtschreibung, Grammatik und Pragmatik als Dimensionen von Sprachbewusstheit und Schreiben/Textproduktion in einer Untersuchung zusammenführt" (Beck/Klieme 2003, S. 383). Zum Anliegen von DESI heißt es allgemein:

> Das DESI-Projekt betritt in vieler Hinsicht Neuland – nicht nur hinsichtlich der Entwicklung geeigneter Leistungstests, sondern ebenfalls im Hinblick auf die Erfassung und Beurteilung des Unterrichts. Dazu sind umfangreiche, mehrere Wellen umfassende Pilotierungen der Erhebungsinstrumente (…) erforderlich (Helmke u. a. 2003, S. 397).

Auf diesem Wege sucht man wissenschaftliche Brücken zwischen den Konzepten der allgemeinen, also nicht speziell auf Sprachunterricht bezogenen pädagogisch-psychologischen Unterrichtsforschung einerseits und den sehr differenzierten, aber empirisch bislang erst durch wenige Studien abgesicherten Vorstellungen der „Fachdidaktiken" zu bauen (vgl. ebd.).

Als ein methodisches Ergebnis gilt dann die Aufschlüsselung von folgenden schriftsprachlichen Dimensionen:

o **Verhaltensbereiche**
  Rezeption und Produktion von gesprochener und geschriebener Sprache – es ergeben sich als Teilbereich der Sprachkompetenz Hören, Sprechen, Lesen und Schreiben

o **linguistische Komponenten**
  Phonologie, Orthographie, Lexikon, Grammatik (Morphologie und Syntax)

o **psychologische Aspekte**
  Antwortgeschwindigkeit, Verschiedenheit der Antworten, Komplexität der Informationsverarbeitung und Sprachbewusstheit

o **strategische Kompetenz**
  Weltwissen, Wissen über Kommunikationskontexte (vgl. Beck/Klieme 2003, S. 383 f.)

Die Kontextualisierung formallinguistischer Leistungen im Horizont von kommunikativen Prozessen, allgemeinen Wissensbeständen, psychologischen Vorgängen und tatsächlichen Produktionsbedingungen erweitert den literalen Kompetenzkomplex und mithin auch die Bandbreite literaler Standards beträchtlich – ein Umstand, der bedeutend anspruchsvollere Legitimationsbemühungen verlangt. Mittlerweile etwa zieht man zur Bestimmung des funktionalen Analphabetismus über das symbolische System der Zahlen etwa auch ein mathematisches Grundverständnis heran. Das ist eine Entwicklung der letzten zehn Jahre; vormals ließ sich noch festhalten:

> Die Aufnahme von Rechenfähigkeiten in den Katalog der Kulturtechniken ist durch den weiter gefaßten Begriff von Literacy im englischen Sprachraum begründet. In der Fachdiskussion der Bundesrepublik Deutschland wird demgegenüber fast durchgängig allein die ungenügende Beherrschung der Schriftsprache als Kriterium für funktionalen Analphabetismus benannt (Hubertus 1995, S. 252).

Wenn literale Niveaus nicht nur auf bestimmte technische Fertigkeiten bezogen werden, sondern man sie wesentlich mit kognitiven Kompetenzen in Verbindung bringt und darüber hinaus noch den Anspruch erhebt, tatsächliche Anforderungsprofile abzubilden, so erscheinen Personen im unteren Niveaubereich nicht bloß in orthographischer, grammatikalischer oder phonologischer Hinsicht benachteiligt, sondern ihre tatsächlichen Schwierigkeiten beim Lesen und Schreiben implizieren tendenziell auch Wissens-, Wahrnehmungs- und Kommunikationsdefizite. Diese Implikationen sollten bei legitimatorischen Argumentationen berücksichtigt werden, und dies umso intensiver, je universaler die literalen Formen oder deren institutionelle Objektivierungen tatsächlich zu sein scheinen. Man gelangt auf dieser Linie geradewegs zu Legitimationsansätzen, die neben einer psychologischen Relevanz von literalen Niveaustufen zudem eine soziale Relevanz und vor allem ein soziolinguistisch formuliertes Grundniveau geltend zu machen suchen.

ZUR REFLEXION

Wie lässt sich die Frage der Rechenkompetenz in das Problem des Analphabetismus integrieren? Wo gibt es Anknüpfungspunkte?

Inwieweit lässt sich der funktionale Analphabetismus als „kulturpolitisches Problem" sehen?

Wo sehen Sie Anschlussmöglichkeiten für die Einbeziehung von Personen mit Migrationshintergrund in die derzeitige – vornehmlich auf deutsche Muttersprachler fokussierende – Debatte um funktionalen Analphabetismus?

5.4 Soziolinguistische Perspektiven

Vieles von dem, was zur Geltung sozialrelevanter Literalitätsniveaus zu erörtern ist, wurde bereits im ersten und zweiten Teil dieses Kapitels beleuchtet. Und bei der Darstellung des funktionalen Ansatzes standen auch schon Probleme der Partialität und Historizität von Literalitätsniveaus, zuletzt eben deren Begründungsschwierigkeiten zur Diskussion. Gerade Legitimationsansätze von sozialrelevanten Literalitätsniveaus sind für empirische Behandlungen des funktionalen Analphabetismus von großem Interesse, doch bislang sind sie hier nur verschränkt mit formallinguistischen Aspekten zur Sprache gekommen. Dies hatte seinen Grund nicht zuletzt darin, dass bei einer insgesamt eingeschränkten Reflexion der Geltung von Literalitätsniveaus am wenigsten bedacht zu sein schien, wie besonders sozialrelevante Niveaus in adäquater Weise zu rechtfertigen sind, und stattdessen einfach auf eine institutionelle verbürgte Orthographie, Grammatik und Phonologie zurückgegangen wurde. Es kann festgehalten werden, dass im Diskurs um den funktionalen Analphabetismus vor allem die Geltung soziolinguistisch gefasster Grundniveaus ein weitgehend unreflektiertes Terrain darstellt. Kaum herrscht ein Bewusstsein davon, dass ein mit kommunikativen und sozialen Implikationen versehenes literales Grundniveau nicht nur mehr aussagt, sondern auch einen größeren Begründungsaufwand erfordert und mit keinem wesentlich formallinguistischen Schriftsprachmodell zu legitimieren ist, mag dieses auch noch so sachlogisch konstruiert sein. – Hier kann nun nicht mehr geleistet werden, als auf dieses Desiderat aufmerksam zu machen und die vorgängigen Schwierigkeiten und Perspektiven noch einmal explizit zu bündeln.

In einer soziolinguistischen Perspektive rücken die performativen Aspekte von Schriftsprache in den Vordergrund. Thematisiert werden hier vor allem kommunikative, soziale Bedeutungen derselben, und insofern hebt man weniger auf formale Strukturen, sondern vielmehr auf die schriftsprachliche Semantik in ihren Kontexten ab. Zwar erfordert die Produktion sozial anschlussfähigen Sinns, so wie jeder schriftsprachliche Partizipationsakt, stets auch gewisse orthographische, grammatikalische und phonologische Kenntnisse, doch darauf liegt nicht das Gewicht. Textliche, digitale, private, berufliche oder milieuspezifische Bedeutungen müssen von Schriftsprachformen nicht unbedingt tangiert sein. Was im Wissen um die Form korrekt ausgedrückt oder empfangen wird, muss nicht deshalb schon in Kommunikationskontexten relevant sein, ebenso wenig wie sozial Bedeutsames unbedingt einer grammatikalisch korrekten Formulierung bedarf. Im Allgemeinen nimmt man an:

> Obwohl formalsprachliches Wissen (language knowledge) Grundlage jeder sprachlichen Interaktion ist, kann es theoretisch von rein kommunikativem Sprachhandeln (communicative performance) abgegrenzt werden (Jude/Klieme 2007, S. 15).

Für die Rede von einem funktionalem Analphabetismus ist die sozialinguistische Perspektive prägend geworden. Das Funktionale am Analphabetismus steht für den performativen, auf Teilhabe am gesellschaftlichen Leben gegründeten Charakter des Begriffs, und die dahin weisenden Definitionsvorschläge der UNESCO sind weithin anerkannt. In ihrem Sinne wird erklärt, dass funktionaler Analphabetismus ein relativer Begriff ist, der erst bei Berücksichtigung der konkreten Anforderungen innerhalb einer Gruppe und Gemeinschaft an Kontur gewinnt. Ob eine Person als Analphabet gilt, hängt nicht allein von ihren Lese- und Schreibkenntnissen ab. Ferner ist zu berücksichtigen, welcher Grad an Schriftsprachbeherrschung innerhalb der konkreten Gesellschaft, in der sich diese Person befindet, gefordert wird. Wenn die individuellen Kenntnisse und Fähigkeiten niedriger sind als die als selbstverständlich vorausgesetzten, so liegt funktionaler Analphabetismus vor (vgl. Hubertus 1995, S. 252).

Die Definition selbst und ihre Begründung gewinnen mit dieser theoretischen Ausrichtung beträchtlich an Komplexität: Man verwendet heutzutage einen vergleichsweise anspruchsvollen, relationalen und nach oben weitgehend offenen Begriff von Analphabetismus, einen Begriff, dem keine generelle Norm und erst recht „keine dauerhafte normative Verbindlichkeit" (Steuten/Korfkamp 2004, S. 30) anhängen soll – nicht nur die „Ressource Wissen" ist im stetigen Wandel begriffen (vgl. Schneider/Gintzel/Wagner 2008, S. 21). Im gleichen Sinne, nur auf die gesellschaftliche Heterogenität abhebend, gibt man auch zu bedenken:

> Studierende verschiedener Fachrichtungen, Auszubildende verschiedener Berufe, Kindergärtnerinnen, Sekretärinnen, Gärtner, Kraftfahrer, Hauswirtschafterinnen etc. etc. brauchen zur Bewältigung ihres Alltags durchaus unterschiedliche Schriftsprachfähigkeiten. Sie gehen in ihren Berufen mit unterschiedlichen spezifischen Literalitäten, berufsspezifischen Schriftsprach-Anwendungen um. Und je nach sozialer Schicht bzw. Lebenswelt-Millieu begegnen sie auch in ihren Familien- und Freizeiten unterschiedlichen Literalitäten (Kamper 2004, S. 24).

Was sich als literal unzureichend erweist, soll nicht bloß einem fortwährenden Wandel unterliegen, das zur Verfügung stehende Wissen sowie die darauf bezogenen gesellschaftlichen Anforderungen will man nicht bloß in einer stetigen Metamorphose, sondern zudem wesentlich uneinheitlich begreifen. So schwer es ist, ein literales Grundniveau anzunehmen, das nicht schon alsbald anachronistisch wirkt, ebenso schwer ist es, die gesellschaftliche Vielfalt an Wissensansprüchen zu kanonisieren. Bei der Konzentration auf soziale Bedeutungen von literalen Prozessen scheint es kaum möglich zu sein, bestimmte Ansprüche dauerhaft und generell zu behaupten. Angeben lassen sich nur mehr Zustandsbeschreibungen spezifischer Kontexte, etwa legitime Beschreibungen des literalen Grundniveaus im gegenwärtigen Berufsleben von *Bäckern in Basel*, denn dieses unterscheidet sich vom Mindestniveau *Baseler Bäcker* im Privatleben und erst recht vom Mindestniveau *Tübinger Gymnasiallehrer* und dies vor zehn Jahren auch noch anders als heutzutage. Im Allgemeinen behauptet man:

> Analytische Klärungen des Alphabetisierungsproblems sind also nicht von psychologischen und soziologischen Ontologien zu erwarten, sondern müssen aus den sozialen Beziehungsgefügen rekonstruiert werden, in die die jeweiligen Individuen eingebunden sind und die insgesamt die Gesellschaft, in der sie leben, konstituieren (Glück 1987, S. 160).

Selbst wenn zeitliche und örtliche Relationen weiter gefasst werden, so sind mit der Ausrichtung auf partizipatorische Möglichkeiten und Notwendigkeiten keine geringfügigen methodischen Probleme aufgeworfen. Angesichts augenscheinlich zunehmender Vielfalt und Dynamik von gesellschaftlichen Zusammenhängen bleiben funktionale Definitionsversuche zwangsläufig abstrakt. Mittlerweile geht man in der pädagogischen Praxis und Forschung sogar schon von der „Unmöglichkeit, sie explizit zu operationalisieren" (Hannich u.a. 2006, S. 12), aus. Die Prozesse einer literalen Exklusion scheinen folglich nur äußerst bedingt, das heißt nur mit einer gewissen Aktualität und

Generalität, qualifizierbar und quantifizierbar zu sein. Um sie zu erheben, bedarf es weniger eines generell gültigen formallinguistischen Grundniveaus, als vielmehr eines möglichst generell gültigen, partizipatorischen Grundniveaus, einer zumindest temporär verbindlichen Bestimmung dessen, was es bedeutet, am gesellschaftlichen Leben teilzuhaben. Erst vor dem Hintergrund solch eines Konsenses kann sich legitimerweise danach erkundigt werden, welches Literalitätsniveau hierfür speziell erforderlich ist, in welchen Bereichen also gesellschaftliche Teilhabe über literale Anforderungen hinausreicht beziehungsweise wo und ab welchem Niveau literale Steigerungen mit höheren Partizipationsraten nicht mehr korrelieren.

Um die soziale Bedeutung literaler Handlungen überhaupt erheben zu können, wird sich mitunter implizit oder vage auf einen literal spezifizierbaren Partizipationskomplex bezogen. Zumindest scheint darüber Einigkeit zu bestehen, *dass* Schriftsprache von sozialer Bedeutung ist und sogar darüber hinaus, dass sie von *wachsender* sozialer Bedeutung ist. Man postuliert von theoretischer Seite, dass es in der Praxis einen breiten, wenn auch nicht vollständigen Konsens darüber gibt, wie viele Niveaustufen für die Organisation des Sprachenlernens und für die öffentliche Anerkennung von Sprachkenntnissen angemessen sind (vgl. Trim u. a. 2001, S. 33). Gemeinhin geht man davon aus:

> Die Bedeutung der Schriftsprachenkompetenz nimmt zu, wenngleich ihr Vorhandensein oder Wirken nicht durch Volumina an Wissensbeständen abgefragt werden kann. (…) Bei der Messung irgendwelcher Mindestnormen muss eine Möglichkeit gefunden werden, dies in empirisch nachprüfbarer Weise zu erledigen, um auf valide Ergebnisse zu kommen (Hannich u. a. 2006, S. 14).

Doch auch wenn die wachsende soziale Relevanz von Literalität strittig bleibt, erfahren literale Kompetenzen mit Blick auf komplexe gesellschaftliche Kommunikationsprozesse keine Begrenzung, sondern eine Ausdehnung. Sie erscheinen dann tendenziell wie eine Matrix sämtlichen nützlichen Wissens und Könnens. Dies mag ein Grund dafür sein, warum es gemeinhin so schwerfällt, die gesellschaftliche Relevanz literaler Kompetenzen einzuholen. Einerseits sind generelle Partizipationsstandards nicht leicht zu fassen, anderseits sind schriftsprachliche Kompetenzen äußerst generell verfasst. Wie eine verschwommene Vorstellung von Partizipationsansprüchen im Allgemeinen kaum den Bezug zu besonderen Literalitätsniveaus erlaubt, ermöglicht eine ausgreifende Vorstellung von literalen Fertigkeiten im Besonderen kaum einen Bezug zu allgemeinen Partizipationsansprüchen. Während der Bezug hier noch zu eng ist, gestaltet er sich dort noch zu lose, um spezifische Verhältnisbestimmungen vornehmen zu können. Es kann nur bedenklich stimmen, wenn in einer Perspektive, welche soziale Kontexte von Schreiben und Lesen in den Blick rücken will, Literalität selbst als Kontext des sozialen

Lebens fungiert, wenn die Kontextualisierung der Schriftsprache durch unterschiedliche Kommunikationspraxen also nur auf den einen Rückschluss hinausläuft, dass diese Praxen nämlich vor allem von Schriftsprache abhängen.

In diesem Sinne wird zum Beispiel angenommen: Dort, wo nicht mehr das Auswendiglernen kanonisierter Wissensbestände genügt, muss das Neulernen auf Formen der Schriftsprache beruhen (vgl. Hannich u. a. 2006, S. 13). Und genauer prognostiziert man, dass die Bedeutung der Schriftsprachkompetenz in allen Lebensbereichen – im privaten Bereich, im öffentlichen Leben und in der Arbeitswelt – zunehmen wird, weil immer weitere Bereiche des privaten und öffentlichen Lebens verschriftlicht werden (z. B. Fahrkartenautomaten, Internet-Wohnungsanmeldungen, SMS-Kommunikation mit Handys) (vgl. Wagner/Gintzel 2007, S. 79).

Gemäß der Kontextualisierung sozialer Ansprüche durch literale Ansprüche und geradezu querliegend zum Vorhaben einer temporären und lokalen Verortung von Literalität nimmt die literale Partizipation oftmals den Charakter einer dominierenden Partizipationsform an, was, wie bereits ausgeführt, dazu führt, dass funktionalen Analphabeten nicht bloß eine grammatikalische, orthographische oder phonologische Beeinträchtigung bescheinigt wird, sondern man sie in einem umfassenden Sinne für *„bildungsarm"* (Korfkamp 2008, S. 43, Herv. d. Verf.) hält, etwa wegen einer defizitären „Wahrnehmung ihrer staatsbürgerlichen Grundrechte" (ebd., S. 45). So erscheinen funktionale Analphabeten zumeist als vordergründig apolitische Menschen. Sie sehen in ihrer Lebenswelt keinen direkten Bezug zum Politischen und verstecken ihr Unwissen oftmals hinter einem lautstark zum Ausdruck gebrachten Desinteresse (vgl. ebd., S. 44).

Ausgehend von kulturtheoretischen Überlegungen zur literalen Prägung des Abendlandes und einer damit in Verbindung gebrachten Innerlichkeitskultur, Kritikfähigkeit oder Zeitvorstellung stellen sich folgende Fragen:

> Ist bei ihnen die Vorstellung einer chronologischen Zeit nicht oder kaum entwickelt? Können sie weniger auf eine „Innerlichkeit" zurückgreifen, die ihnen dazu verhelfen könnte, Varianten zu erkennen und Möglichkeiten durchzuspielen? Und fällt es ihnen somit schwerer, energisch und methodisch auf lang- oder mittelfristige Lebensziele zuzugehen? Anderseits – so wäre wiederum zu erkunden – sollte sich bei ihnen eine stärkere Orientierung an Gemeinschaft und an der Regelmäßigkeit des stetig Wiederkehrenden finden. Letztlich wäre zu fragen, ob bei ihnen eine stärkere Orientierung an den Sinnen, als am Sinn vorliegt (Hannich u. a. 2006, S. 26 f.).

Insbesondere wird vom zeitlichen Wahrnehmungsvermögen behauptet, es könne allgemein festgestellt werden, dass funktionale Analphabeten sehr große Schwierigkeiten haben, ihre Erzählungen zeitlich zu strukturieren. „Eingeschränktes Zeitbewusstsein scheint ein wichtiges Merkmal zu sein, das Funktionalen Analphabetismus charakterisiert" (ebd., S. 31). So wird aufgeführt:

> Die erlebte Hilflosigkeit dieser Menschen, ihre allgemeine Beschränkung im Alltag, im Beruf, in der Wahrnehmung ihrer politischen Rechte und Pflichten, ihre ständige Angst von ihrer „schriftkundigen" Umgebung „entdeckt" und daraufhin stigmatisiert, isoliert, arbeitslos usw. zu werden, hat den Analphabetismus mittlerweile als ein allgemeines *soziales Problem* dieser Gesellschaften etabliert (Panagiotopoulou 2001, S. 21f., Herv. d. Verf.).

Es kann an dieser Stelle nicht erneut auf jene pädagogische Aspiration eingegangen werden. Es ist hier auch nicht der Ort, um die Zuschreibung kognitiver oder sozialer Inkompetenz auf ihre empirische Sättigung zu überprüfen. Die Frage, die uns nach wie vor beschäftigt, ist vielmehr, wie diskursiv versucht wird, literale Mindestniveaus in einer soziolinguistischen Perspektive zu begründen. Offensichtlich rekurriert man in Theorie und Praxis nicht nur auf formallinguistische Ansprüche, sondern bemüht sich darum, den literalen Verkehr im Kontext von kognitiven, kommunikativen und sozialen Ansprüchen zu begreifen oder, wie eben dargestellt, kognitive, kommunikative und soziale Ansprüche in einem literalen Kontext zu behandeln. Im letzteren Fall bleibt die Legitimation der angenommenen Partizipationsansprüche weitgehend selbstverständlich, die zentrale Bedeutung der Literalität scheint dann ebenso unstrittig zu sein, wie die Korrelation von literalen Entwicklungen und zunehmender Integrität.

Die Annahme von Partizipationsniveaus soll insofern legitim sein, als literale Kompetenzen den Kontext von vielfältigen Partizipationsmöglichkeiten und -notwendigkeiten bilden. Anders steht es, sobald etwa ein phonologisches Niveau nicht unbedingt mit einem Partizipationsniveau korreliert, also wenn die Annahme eines sozialrelevanten Grundniveaus nicht bloß mit literalen Schwierigkeitsgraden zu begründen ist. In dem Fall müssen mehr oder weniger allgemeine Partizipationsstandards angenommen werden, Standards, deren Zusammenhang mit orthographischen, grammatikalischen und phonologischen Mindeststandards gerade infrage steht. Zu fragen ist dann:

o Welche Bedeutung hat das Unterbieten von literalen Mindestniveaus für das kommunikative oder soziale Verhalten der betreffenden Personen?

o Wie muss ein literales Mindestniveau gestaltet sein, das aus diesem Kontext mehrere Aspekte als Variablen zu berücksichtigen gedenkt?

o Wie kann eine derartige Auswahl von Variablen des partizipatorischen Anspruchs legitimiert werden?

Betrachtet man jene Legitimationsansätze, die explizit um partizipatorische Aspekte von Schriftsprachniveaus bemüht sind, so lassen sie sich gemäß der obigen Erörterungen in allgemeine, spezifische und individuelle Begründungsmuster aufgliedern. Schon seit geraumer Zeit beanstandet man, dass die Lese- und Schreibfähigkeit der deutschen Erwachsenenbevölkerung und sogar der Schulabgänger/innen und Berufsschüler/innen immer noch unzureichend erforscht sei. Alltagsanforderungsbezogene Untersuchungen, wie sie in fast allen industrialisierten Ländern in den vergangenen Jahren durchgeführt beziehungsweise begonnen wurden, wären wesentlich aussagekräftiger als Prozentangaben nach Rechtschreibtests (vgl. Huck/Schäfer 1991, S. 36). Hierfür aber ist zunächst in Erfahrung zu bringen:

> a) Welches wären die gesellschaftlichen Mindestanforderungen der Alphabetisierung? und: b) Welche gesellschaftlichen Instanzen sind legitimiert, diese festzulegen? In der Literatur finden sich zur Meisterung dieses Dilemmas drei idealtypische Vorgehensweisen: (1) man geht von einem *normativ gesetzten* gesellschaftlichen *Standard* der *Allgemeinbildung* aus; (2) man orientiert sich an *tatsächlichen Anforderungen* in konkreten gesellschaftlichen Bereichen, insbesondere in unterschiedlichen Berufsfeldern; (3) schließlich scheint es möglich, über die *Selbsteinschätzung von Personen* geeignetes Datenmaterial zu finden, um die subjektive Zufriedenheit der Probanden mit der eigenen Leistung im individuellen Lebens- und Berufsalltag als Grenzziehung zu benutzen (Hannich u. a. 2006, S. 12, Herv. d. Verf.).

Eine Legitimation sozial relevanter Literalitätsniveaus mittels der Selbsteinschätzung von Betroffenen wurde bisher kaum diskutiert, diesbezüglich ist nämlich wohl mit beträchtlichen Unwägbarkeiten zu rechnen. Die offensichtliche Unwägbarkeit scheint zu sein, dass man sich alsbald mit einer Vielfalt nicht literaler Partizipationsmöglichkeiten konfrontiert sieht. Selbst die befragten Teilnehmenden von Alphabetisierungsmaßnahmen, also Personen, die ihr Schriftsprachvermögen offensichtlich defizitär einschätzen, bringen neben literalen Partizipationsformen eine Fülle alternativer oder kompensatorischer Möglichkeiten zur Sprache. Oftmals beschreiben sie nur punktuelle und unterschiedliche Verbindungen zwischen literalen und partizipatorischen Benachteiligungen, und mithin dürfte es sich erst recht schwierig gestalten, die angenommene soziale Benachteiligung darauf zu gründen, wie nicht lernende funktionale Analphabeten ihre partizipatorischen Möglichkeiten einschätzen. Bereits hinsichtlich der kompensatorischen Partizipationsmöglichkeiten geht man davon aus:

> In dem Bestreben, ihren Analphabetismus nicht bekannt werden zu lassen, entwickeln viele Betroffene einen beträchtlichen Erfindungsreichtum und intellektuelle Fähigkeiten, auf die ein des Lesens und Schreibens kundiger Bürger verzichten kann. Produkte wie Zucker und Mehl, Joghurt und Sahne, Essig und Öl müssen sie beim Einkaufen im Selbstbedienungsladen anhand von Symbolen oder Verpackungsfarben unterscheiden. Teile des Stadtplans, des Bus- oder U-Bahnnetzes müssen sie sich so gut einprägen, daß

sie an ihr Ziel gelangen, auch ohne die Namen der Haltestellen entziffern zu können (Schwänke/Namgalies/Heling 1990, S. 6 f.).

Für funktionale Analphabeten ist eine „hohe Schambesetztheit" (Hannich u. a. 2006, S. 14) kennzeichnend. Gleichwohl sie um ihre Defizite wissen, inszenieren sie sich als kompetent und sind entsprechend arg beschämt, wenn ihre Inkompetenz bemerkt zu werden droht. In Forschungskreisen gilt diese Gruppe daher nicht als verlässliche Begründungsinstanz. Illiterate Menschen, ob lernend oder nicht, scheinen derart unter gesellschaftlichem Druck zu stehen, dass sie gezwungen sind, ihre wirkliche Lage vor anderen und sogar noch vor sich selbst zu verbergen. Zum Beispiel wird betreffs individueller Legitimationsansätze zu bedenken gegeben:

> Das Hauptdilemma bei dieser Vorgehensweise besteht darin, dass eine allgemeine gesellschaftliche Inklusionsbedingung unabhängig von ihrer jeweiligen Selbsteinschätzung wirkt. Die subjektive Sicht kann demnach nur Erfahrungen mit dieser Bedingung vermitteln bzw. das subjektive Erleben dieses Umgangs. Diese Erfahrungen sind natürlich von größtem Interesse für das wissenschaftliche Verstehen der Situation bzw. der Menschen, aber ein Maß der Quantifizierung kann damit schlechterdings überhaupt nicht abgeleitet werden. Neben dieser kategorialen Unangebrachtheit ergeben sich zusätzliche Probleme durch die stigmatisierende Wirkung des Analphabetismus. Die hohe Schambesetztheit, die mit offenbar wirkungsvollem Stigmamanagement (…) einhergeht, lässt ganz stark vermuten, dass kaum mit zuverlässigen, quantitativ verwertbaren Antworten zu rechnen ist (ebd.).

In der Folge sieht man sich auf die Frage nach dem verwiesen, was gesellschaftliche Teilhabe in einem eher überindividuellen Sinn bedeutet, es wird dann abgezielt auf eine zeitgemäße „Bestimmung der Inklusionsbedingungen" (ebd., S. 12) in einem engeren oder weiteren Sozialraum. Indessen: Die Verbindlichkeit weit gesteckter sozialer Ansprüche riskiert, zu normativ zu wirken, also die Spezifität gesellschaftlicher Wirklichkeiten zu übergehen. Die Annahme partieller Sozialansprüche wiederum droht immer kleinteiliger zu werden, also die Beziehungen zwischen diversen sozialen Bedingungsgefügen aus den Augen zu verlieren. Indem die spezifischen Legitimationsansätze, sogenannte „alltagsanforderungsbezogene Untersuchungen" (Huck/Schäfer 1991, S. 36) oder sachlogische Begründungsversuche, immer vielfältigere reale Partizipationsansprüche aufzeigen, werfen sie zunehmend die Frage auf, was eigentlich diese Ansprüche verbindet.

Wenn bei der Legitimation sozial relevanter Literalitätsniveaus stets die „Relation von erforderter gesellschaftlicher Schriftsprachkompetenz und individuellem Vermögen" (Hannich u. a. 2006, S. 8) zu berücksichtigen ist, kann man eine Verbindlichkeit auch nur insoweit geltend machen, wie es gelingt, gesellschaftliche Ansprüche zusammenzufassen. Ähnlich wie beim Selbstbezug scheint so auch beim legitimatorischen „Kriterium der empirisch vorhandenen Anforderung (…) die praktische Umsetzung (…) stark limitiert" (ebd., S. 13) zu sein. Es heißt zum Beispiel:

> Eine Erhebung unter dieser Prämisse müsste – auf die Spitze getrieben – für jeden einzelnen Probanden und seine spezifische Lebenswelt separat konzipiert werden. Dennoch – und das wäre der bewahrenswerte Aspekt – muss sich alle empirische Forschung zur Festlegung von Grenzen der Mindeststandards an den hier geltenden Maßstäben und Kriterien der empirischen Forschung messen lassen (ebd.).

Hiervon ist nun anscheinend die Konsequenz, dass man nicht umhin kommt, bei der Begründung weithin verbindlicher Partizipationsniveaus entsprechend weitläufige Gesellschaftsansprüche ins Feld zu führen. Auf die Gefahr hin, zu normativ zu argumentieren und heterogene Ansprüche der sozialen Wirklichkeit zu vereinnahmen, müssten empirische Forscher generelle Reflexionen anstellen, sich also mehr oder weniger im Allgemeinen fragen, von welchen Sozialansprüchen sie ausgehen können. Je nach Größe des Feldes hätten sie der Frage nachzugehen, was den mehr oder weniger differenzierten Code alphabetisiert versus nicht alphabetisiert oder teilhabend versus nicht teilhabend legitim erscheinen lässt. Es wird in diesem Sinne auch gefordert:

> Hinsichtlich der Legitimation der bei der Quantifizierung zum Zuge kommenden Grenzziehung des Funktionalen Analphabetismus muss auf Relationen zurückgegriffen werden, die nicht innerhalb der quantitativen Forschung zu finden sind. Begründungen auf dieser Ebene ergeben sich ausschließlich durch den Bezug auf gesellschaftliche Rahmenbedingungen. (…) Somit werden Vorstellungen und Diskussionen des Erhebungsinstruments der Quantifizierung des funktionalen Analphabetismus notwendig eingeleitet durch Ausführungen zur Bedeutung der Schriftsprachkompetenz für die Gesellschaft und ihre Funktionssysteme (ebd., S. 8).

Indessen, wie schon erwähnt, rekurriert man auf der Suche nach verbindlichen Sozialstandards noch am ehesten auf institutionell festgeschriebene Ansprüche und nimmt allgemein an, dass „allein aus dem Bildungssystem Klärungen hinsichtlich einer definitorischen Abgrenzung zu erwarten sind" (ebd., S. 16). Insbesondere wird versucht, mittels sogenannter „Schul-Literalität" (Kamper 2004, S. 24) eine legitimatorische Perspektive zu eröffnen, denn im Sinne des funktionalen Schriftsprachverständnisses scheint durch das Subsystem Schule nicht bloß eine „für alle mehr oder weniger gleichartige Variante der Schriftsprache" (ebd.) angelegt zu sein, sondern darüber hinaus noch ein gewisser Sozialanspruch vermittelt zu werden. Betreffs eines sozial relevanten Grundniveaus an Literalität glaubt man mitsamt einer Basis an grammatikalischem, orthographischem und phonologischem Wissen und Können auch eine Art Partizipationsbasis im Blick zu haben und sich auf eine staatlich legitimierte „Grenzziehung aus dem Kontext der Grundschule" (Hannich u. a., 2006, S. 16) berufen zu können. Im Allgemeinen heißt es zur Stufung literaler Kompetenzen gemäß sozialer Ansprüche:

> Anzahl und Höhe der Stufen richten sich im Wesentlichen danach, wie ein Bildungs-
> system organisiert ist und für welche Zwecke die Skalen aufgestellt werden. Es ist aber
> durchaus möglich, Verfahren und Kriterien für die Erstellung von Skalen und die For-
> mulierung der Deskriptoren festzulegen, die man für die Beschreibung der Abfolge von
> Kompetenzniveaus benutzen kann (Trim u. a. 2001, S. 28).

Möglicherweise ist die Schul-Literalität dann eine für alle mehr oder weniger gleich-artige Variante der Schriftsprache – solange man nicht zu genau auf die verschiedenen Schularten und einzelnen Schulen schaut (vgl. Kamper 2004, S. 24). Im legitimatori-schen Bezug zur Schule und besonders zu bildungspolitischen Vorgaben des Deutschun-terrichts wird davon ausgegangen, dass ein breiter Konsens über die soziale Bedeutung von Literalität am Schulwesen ablesbar sei und mit dem dort geforderten formallingu-istischen Wissen und Können direkt zusammenhänge. Wer den literalen Anforderungen der Grundschule genügt, so die Annahme, der vermag zumindest den mit Literalität verbundenen sozialen Grundanforderungen im öffentlichen und privaten Erwachse-nenleben nachzukommen. Folglich entsteht gegen die getroffenen Vorannahmen der Eindruck, als seien soziale Souveränität und Schriftsprachkompetenz eng miteinander verknüpft, als wären literal versierte Subjekte zugleich als „autonom existierende ge-dacht" (Romberg 1993, S. 27). – Warum jedoch, kann hier zurückgefragt werden, soll ein allgemeiner gesellschaftlicher Innovationszwang derart durch ein bestimmtes Me-dium, durch die Schriftsprache enggeführt sein?

Selbst wenn ein Konsens darüber besteht, dass Partizipationsansprüche in öffent-lichen und privaten Sphären steigen, muss damit noch nicht unmittelbar die Bedeutung von Literalität gemeint sein, man ließe dann nicht zuletzt die zunehmenden Partizi-pationsmöglichkeiten im audio-visuellen Bereich unberücksichtigt. Und selbst wenn sich pragmatisch auf einen Konsens über zunehmende Schriftsprachbedeutung abhe-ben ließe, erklärungsbedürftig bliebe weiterhin, wie ein solcher Konsens im schulischen Feld festgestellt werden kann. Um darauf zu bestehen, dass literale Grundniveaus nicht nur für formallinguistische oder kognitive, sondern auch für soziale Ansprüche stehen, genügt es also nicht, dies in einer pragmatischen Weise durch einen Konsens zu be-gründen, der die soziale Bedeutung von Literalität pauschal im Steigen begriffen sieht oder sie insbesondere an einem Grundschulkanon ablesen zu können glaubt. Vielmehr bedarf es mehr oder weniger allgemeiner Reflexionen über das, was sozial verbindlich erscheint und was diese Verbindlichkeiten mit literalen Funktionen zu tun haben. Es scheint daher berechtigt, zu fordern: Die rein technischen Schriftsprachkompetenzen müssten weiterführend hinsichtlich der Anwendbarkeit dieser Kompetenzen in unterschiedlichen Lebensbereichen (wie beispielsweise für Beruf, Familie, Freizeit) überprüft werden (Schneider/Gintzel/Wagner 2008, S. 41).

ZUR REFLEXION

Diskutieren Sie die soziolinguistische Dimension des Begriffs „funktionaler Analphabetismus".

In welcher Beziehung stehen gesellschaftliche Innovationszwänge mit dem Medium Schriftsprache?

Diskutieren Sie das Verhältnis von Kompetenzmessverfahren und funktionalem Analphabetismus. Welche Interessen kollidieren hier möglicherweise?

Ausblick

Die vorliegende Untersuchung hat zum Ziel, den aktuellen Diskurs um literale Anforderungen und Voraussetzungen in demokratischen Gesellschaften nicht allein wissenschaftlich-objektiv zu beschreiben, sondern darüber hinaus mit pädagogischer Sensibilität und Aspiration zu beeinflussen. Nach den vorgelegten Erörterungen soll zum Abschluss ein Raum eröffnet werden, in dem die bisher vorgestellten Konstellationen einen systematischen Überblick erlauben.

Aus der Geschichte sind divergierende pädagogische Anforderungen durchaus bekannt: Ein mehr oder weniger diffuses Gemisch aus ökonomischen und ideellen Ansprüchen drängt zum Fortschritt, derweil ein Großteil der Gesellschaft dazu offensichtlich nicht in der Lage ist, da es ihm an literalen Voraussetzungen fehlt. Sei es selbst- oder fremdverschuldet, in jedem Fall mangelt es an Kompetenzen, die für die Teilhabe an gesellschaftlichen Entwicklungen von elementarer Bedeutung sind.

Mit dem vorliegenden Studientext wird sich darum bemüht, jene in Aktualisierung begriffenen Zusammenhänge etwas näher zu beleuchten. Zumindest werden vonseiten der Literalität einige diesbezüglich naheliegende Fragen forciert. In der Hand hält man einen vorwiegend analytischen Beitrag zur Klärung und Steuerung dessen, was im Bildungsbereich momentan als diffuser Anspruch oder Ausdruck die Gesellschaft überkommt beziehungsweise von ihr produziert wird. Nicht erst in jüngerer Zeit kommen Erziehung und Bildung ins Spiel, wenn gesellschaftliche Befunde und Erwartungen auffällig divergieren; sie sollen dann zumindest für die Möglichkeit eines gesellschaftlichen Fortschritts sorgen. Ob von gesellschaftlichen Entwicklungen mehr oder weniger breite Massen erfasst werden, ist allerdings nicht nur eine Frage der demokratischen Egalität und Gerechtigkeit, der Einigkeit und des Rechts, sondern zugleich eine Frage der Freiheit, denn sich selbst bedienen, äußerlich etwa beim Einkauf oder Autofahren oder verstandesmäßig beim Rechnen, Schreiben und Lesen, ist längst schon nicht mehr unbedingt Ausdruck von Individualität, sondern auch Ausdruck von Normalität.

Allerdings nimmt die verbindliche Maßgabe der Selbstständigkeit, die durchdringende Pflicht zur Freiheit, den Invididuen ihre Schuldigkeit nicht ab, noch löst sie ihre Ursächlichkeit auf. Es bleibt natürlich eine Wahl und ein Problem, inwieweit Einzelne sich vom sozialen Zusammenhang lösen beziehungsweise wie lose sogenannte „Netzwerke" sich in Wirklichkeit gestalten.

Der Diskurs um literale Benachteiligungen ist offensichtlich geprägt von der Anwesenheit eines gesellschaftlichen Entwicklungsbedürfnisses, das, wie es auch immer zustande kommen mag, traditionell neben diversen empirischen, auch viele ethische Fragen der Erziehung und Bildung aufwirft. Um diese Fragen stellen und sie von empirischen Fragestellungen trennen zu können, sind die jeweiligen diskursiven Zusammenhänge zu beachten. Ein adäquater wissenschaftlicher Umgang setzt hier stets voraus, dass normative Engführungen kenntlich gemacht sind und komparativen Pauschalisierungen vorgebeugt wird.

Derzeit ist es von vorrangiger Bedeutung, im pädagogischen Diskurs um literale Benachteiligungen und literale Niveaus in übergreifenden Wirtschaftsräumen (OECD), normative Implikationen zur Sprache zu bringen und in dezidierter Weise darauf hinzuweisen, inwieweit sie Probleme nach sich ziehen können. Und zugleich ist es von nicht minder großer Bedeutung, vermeintlich wertfreie empirische Bildungsforschungen auf ihre Grenzen hinzuweisen beziehungsweise ihren methodischen Komplex auf versteckte Werturteile hin zu befragen.

Welche methodologischen Konsequenzen ergeben sich also aus der explizierten Spannung zwischen pädagogisch-programmatischen und soziologisch-faktischen Diskurselementen? Die soziolinguistischen Beschreibungen von illiteralen Personen dominieren zwar den Diskurs, man kommt aber bei allem theoretischen Aufwand nicht umhin, feststellen zu müssen, dass die betreffenden Personen als soziales Phänomen kaum fassbar sind. Literale Schwächen sind offensichtlich alles andere als gemeinschaftsbildend, und so kennt man lediglich die Alphabetisierungskurse mit den vergleichsweise verschwindend geringen Lernenden (Faktizität), gemessen an der vermuteten Dunkelziffer an Nichtlernenden (Programmatik). Es lässt sich bisher also nur äußerst geringfügig auf empirische Studien stützen. Um so wichtiger aber ist es bei diesem Thema, zumindest auf theoretische Klärungen und Konstruktionen zu achten und eingedenk einer womöglich expandierenden pädagogischen Praxis auf einer „Offenheit für neue Aspekte" (Schneider/Gintzel/Wagner 2008, S. 32) zu insistieren.

Weiterhin ist zu fragen: Welche theoretischen und praktischen Konsequenzen ergeben sich im Bereich der literalen Bildung aus einer die Entwicklung (Sozialisation, Erziehung, Bildung) allgemein und insbesondere die Lernbiographie zunehmend dominierenden soziologischen Perspektive? Und: Wie ist in definitorischer Hinsicht mit dem in der Regel per se soziolinguistisch konnotierten Literalitätsbegriff umzugehen? Wie die funktionale Fassung des Analphabetismus, so scheint die zunehmende Rede von Literalität wichtig zu sein, um sich von einem althergebrachten, sämtliche Sozialisationsfaktoren übersteigenden Schriftsprachverständnis abzuwenden. Von diesem traditionell neuhumanistischen Verständnis kann auf den ersten Blick keine Rede mehr sein, unterdessen jedoch ist die pädagogische Rede von funktionalem Analphabetismus und erst recht von Literalität von einem gesellschaftskritischen Ansatz geprägt, der ohne Weiteres von sozialer Exklusion – im Sinne von Haltlosigkeit – ausgeht beziehungsweise eine mit Schriftsprachfertigkeiten verbundene Individualisierung über die herrschenden gesellschaftlichen Verhältnisse stellt (daher auch die zunehmend negative Konnotation der Attribuierung „funktional").

Außerdem bleibt zu fragen: In welchem Verhältnis stehen individuelle und soziale Funktionen von Schriftsprache? Wie können einzelne Individuen, in einer offenbar schriftsprachlich geprägten Gesellschaft, zu ihren Gunsten oder Ungunsten inkludiert werden beziehungsweise ausscheren?

Und schließlich ist zu fragen: Welche unausgewiesenen Verquickungen und Ressentiments bestehen zwischen pädagogischen Erwartungen und ökonomischen Ansprüchen? Ist die zunehmende Rede vom „lifelong lerning" nicht Ausdruck eines weitgehend harmonisierten Prospekts? Und toleriert man mit der Betonung schriftsprachlicher Vielfalt und möglichst relativer sowie bejahender Terminologie (Literalität) nicht vor allem ökonomische Globalisierungstendenzen? Dies sind Fragen, die die Forschung auch in Zukunft beschäftigen sollen.

Literatur

Antor, G./Bleidick, U. (Hrsg.) (2001): Handlexikon der Behindertenpädagogik. Stuttgart

Beck, B./Klieme, E. (2003): DESI – Eine Längsschnittstudie zur Untersuchung des Sprachunterrichts in deutschen Schulen. In: Evaluation im Brennpunkt – Fremdsprachen lernen und lehren. Empirische Pädagogik, H. 3

Beck, B./Klieme, E. (Hrsg.) (2007): Sprachliche Kompetenzen. Konzepte und Messung. Weinheim/Basel

Beck, B./Klieme, E. (2007): Einleitung. In: Dies. (Hrsg.): Sprachliche Kompetenzen. Konzepte und Messung. Weinheim/Basel

Brügelmann, H. (2004): Lese-/Schreibförderung nach PISA, IGLU und LUST: Was heißt eigentlich „funktional alphabetisiert"? In: Alfa-Forum, H. 54/55, S. 16–18

Buhlmahn, E. (2004): Wie viel Lesen und Schreiben braucht der Mensch? In: Alfa-Forum, H. 54/55, S. 40–41

Deutsches PISA-Konsortium (Hrsg.) (2002): PISA 2000. Opladen

Egloff, B. (1997): Biographische Muster „funktionaler Analphabeten". Frankfurt a.M.

Egloff, B. (2007): Biographieforschung und Literalität. In: Grotlüschen, A./Linde, A. (Hrsg.): Literalität, Grundbildung oder Lesekompetenz? Münster, S. 70–80

Engelsing, R. (1973): Analphabetentum und Lektüre. Stuttgart

Fuchs-Brüninghoff, E. u. a. (1986): Functional Illiteracy and Literacy Provision in Developed Countries: The Case of the Federal Republic of Germany. Hamburg

Giese, H.W./Gläß, B. (1984): Analphabetismus und Schriftkultur in entwickelten Gesellschaften. In: Der Deutschunterricht, H. 6, S. 25–37

Glück, H. (1987): Schrift und Schriftlichkeit. Stuttgart

Grotlüschen, A./Linde, A. (Hrsg.) (2007): Literalität, Grundbildung oder Lesekompetenz? Münster

Hannich, K. u. a. (2006): PASS alpha. Zwischenbericht 2. Dresden. URL: www.dvv-vhs.de/servlet/is/Entry.38825.Display (Stand: 16.04.2009)

Harsch, C. u. a. (2007): Schreibfähigkeit. In: Beck, B./Klieme, E. (Hrsg.): Sprachliche Kompetenzen. Konzepte und Messung. Weinheim/Basel

Hartig, J. (2007): Skalierung und Definition von Kompetenzniveaus. In: Beck, B./Klieme, E. (Hrsg.): Sprachliche Kompetenzen. Konzepte und Messung. Weinheim/Basel

Heller, K. (2004): Funktionaler Analphabetismus und Orthographie. In: Alfa-Forum, H. 54/55, S. 33

Helmke, A. u. a. (2003): Zur Rolle des Unterrichts im Projekt DESI. In: Evaluation im Brennpunkt – Fremdsprachen lernen und lehren. Empirische Pädagogik, H. 3

Hubertus, P. (1995): Wo steht die Alphabetisierungsarbeit heute? In: Balhorn, H./Brügelmann, H./Füssenich, I. (Hrsg.): Am Rande der Schrift. Lengwil am Bodensee

Huck, G./Schäfer, U. (1991): Funktionaler Analphabetismus in der Bundesrepublik Deutschland. Bonn

Ivanic, R./Barton, D./Hamilton, M. (2004): Wie viel „Literacy" braucht ein Mensch? In: Alfa-Forum, H. 54/55, S. 19–21

Jeantheau, J.-P. (2007): IVQ-Erhebung 2004/2005: Schwerpunkt ANCLI-Modul und erste Ergebnisse. In: Grotlüschen, A./Linde, A. (Hrsg.): Literalität, Grundbildung oder Lesekompetenz? Münster

Jude, N./Klieme, E. (2007): Sprachliche Kompetenz aus Sicht der pädagogisch-psychologischen Diagnostik. In: Beck, B./Klieme, E. (Hrsg.): Sprachliche Kompetenzen. Konzepte und Messung. Weinheim/Basel

Kamper, G. (1990): Analphabetismus trotz Schulbesuchs. Berlin

Kamper, G. (1994): Analphabeten oder Illiteraten. In: Tippelt, R. (Hrsg.): Handbuch Erwachsenenbildung/Weiterbildung. Opladen

Kamper, G. (2004): Grundbildung für Erwachsene – nicht funktionale Alphabetisierung. In: Alfa-Forum, H. 54/55, S. 24–26

Klieme, E. (2004): Was sind Kompetenzen und wie lassen sie sich messen? In: Pädagogik, H. 6, S. 10–13

Knabe, F. (Hrsg.) (2007): Wissenschaft und Praxis in der Alphabetisierung und Grundbildung. Münster u. a.

Korfkamp, J. (2008): Funktionale Analphabeten als politische Bürger? In: Praxis Politische Bildung, H. 1, S. 40–46

Linde, A. (2004): Sind Sie funktional alphabetisiert? In: Alfa-Forum, H. 54/55, S. 27–29

Linde, A. (2007): Alphabetisierung, Grundbildung oder Literalität? In: Grotlüschen, A./Linde, A. (Hrsg.): Literalität, Grundbildung oder Lesekompetenz? Münster

Müller, M. (1982): Selbstdarstellung und Orientierung erwachsener Analphabeten im Alltag. Berlin (West)

Nuissl, E. (1999): Lesen- und Schreibenlernen in der Erwachsenenbildung. In: Franzmann, B. u. a. (Hrsg.): Handbuch Lesen. München

Organisation for Economic Co-operation and Development/Statistics Canada (1995): Grundqualifikationen, Wirtschaft und Gesellschaft. Paris

Panagiotopoulou, A. (2001): Analphabetismus in literalen Gesellschaften am Beispiel Deutschlands und Griechenlands. Frankfurt a.M.

PISA-Konsortium Deutschland (Hrsg.) (2007): PISA 2006. Die Ergebnisse der dritten internationalen Vergleichsstudie. Münster

Romberg, S. (1993): Wege Erwachsener in die Welt der Schrift. Opladen

Schlutz, E. (2007): PISA für Erwachsene – Kompetenzerweiterung und zweite Chance? In: Grotlüschen, A./Linde, A. (Hrsg.): Literalität, Grundbildung oder Lesekompetenz? Münster

Schneider, J./Gintzel, U./Wagner, H. (Hrsg.) (2008): Sozialintegrative Alphabetisierungsarbeit. Münster

Schwänke, U./Namgalies, L./Heling, H. (Hrsg.) (1990): Stiefkinder des Bildungssystems. Hamburg

Smith, D.M. (1991): Die Anthropologie des Erwerbs der Literalität. In: Stagl, G./Dvorak, J./Jochum, M. (Hrsg.): Literatur/Lektüre/Literarität. Himberg

Solstad Rustad, B. (2007): Illiteralität in modernen Gesellschaften. In: Grotlüschen, A./Linde, A. (Hrsg.): Literalität, Grundbildung oder Lesekompetenz? Münster

Stagl, G./Dvorak, J./Jochum, M. (Hrsg.) (1991): Literatur/Lektüre/Literarität. Himberg

Steuten, K./Korfkamp, J. (2004): Abschied vom „funktionalen Analphabetismus"? In: Alfa-Forum, H. 54/55, S. 30–32

Steuten, U./Korfkamp, J. (2007): Erwachsenenalphabetisierung als Neue soziale Bewegung. In: Knabe, F. (Hrsg.): Wissenschaft und Praxis in der Alphabetisierung und Grundbildung. Münster u. a.

Trim, J. u. a. (2001): Gemeinsamer europäischer Referenzrahmen für Sprachen: lernen, lehren, beurteilen. Berlin

Tröster, M. (2000): Grundbildung – Begriffe, Fakten, Orientierungen. In: Dies. (Hrsg.): Spannungsfeld Grundbildung. Bielefeld

Tröster, M. (2005): Einleitung der Kleinen DIE-Länderberichte. Bonn. URL: www.die-bonn.de/esprid/dokumente/doc-2005/troester05_03.pdf (Stand: 16.04.2009)

Wagner, H. (2007): Analphabetenzahlen – Mythos oder wissenschaftlich fundiert? In: Knabe, F. (Hrsg.): Wissenschaft und Praxis in der Alphabetisierung und Grundbildung. Münster u. a.

Wagner, H./Gintzel, U. (2007): Wissenschaftliche Erklärungen zur Bedeutung von Grundbildung – Systemtheorie, Inklusionsstrategien und ihre Relevanz für die Alphabetisierung. In: Knabe, F. (Hrsg.): Wissenschaft und Praxis in der Alphabetisierung und Grundbildung. Münster u. a.

Glossar

Alphabetische Schrift

Schrifttyp, dessen dominante Bezugsebene im Sprachsystem die phonologische Ebene ist. Seine Grundeinheiten sind Grapheme, die auf einem Inventar an Buchstaben basieren.

Analphabetismus

Man bezeichnet damit eine Gesamtheit essentieller Schriftsprachschwächen. Menschen, deren Lese- und Schreibfertigkeiten allgemein äußerst ungenügend erscheinen, werden demzufolge „Analphabeten" genannt.

Funktionaler Analphabetismus

Das Attribut des „Funktionalen" relationiert die allgemeine Rede vom „Analphabetismus", indem mangelhaft erscheinende Lese- und Schreibfertigkeiten mit sozialen Verhältnissen und insbesondere mit sozialen Benachteiligungen in Verbindung gebracht werden. Mit funktionalem Analphabetismus werden daher sozial relevante Schriftsprachschwächen begriffen.

In *negativer* Betrachtungsweise ergeben sich hieraus folgende nähere Bestimmungen:
o Mit funktionalem Analphabetismus begreift man keine universalen Mängel, sondern bestimmte, an gesellschaftliche Maßgaben und konkrete Zeiten sowie Orte gebundene Beeinträchtigungen. Begriffen wird eine historische und regionale Anomalie, jedoch kein negatives individuelles Selbstbild, sondern ein soziales Phänomen.
o Des Weiteren sind mit funktionalem Analphabetismus noch keine spezifischen Ursachen festgestellt. Es bleibt offen, ob die Höhe gesellschaftlicher Maßgaben oder die Geringfügigkeit individueller Fertigkeiten beeinträchtigend wirkt.

In *positiver* Betrachtungsweise ist zumindest in dreierlei Hinsicht zu differenzieren:
o Betreffs der schriftsprachlichen Fertigkeiten ist zu fragen, welche individuellen schriftsprachlichen Fertigkeiten jeweils vorliegen.
o Betreffs eines postulieren Mindestmaßes ist zu fragen, welche schriftsprachlichen Standards im unteren Niveau gelten sollen.
o Betreffs der gesellschaftlichen Partizipationsmöglichkeiten ist zu fragen, welche Beeinträchtigungen jeweils aus unterbotenen schriftsprachlichen Mindeststandards resultieren.

Im Zusammenhang der sich hieraus ergebenden Aspekte ist dann genauer von einem „funktionalen Analphabetismus" zu sprechen oder auch nicht, je nachdem eben, inwieweit bestimmten Lese- und Schreibfertigkeiten bestimmte Mindeststandards unterschreiten und dadurch gewisse soziale Beeinträchtigungen zur Folge haben.

In einer eher *phänomenalen* Annäherung wiederum scheint funktionaler Analphabetismus allgemein durch folgende Merkmale ausgezeichnet zu sein:

o andauerndes *Scheitern* an schriftsprachlichen Ansprüchen (schlechte Schulnoten, eventuell Schulabbruch, Probleme mit Ämtern und anderen Institutionen, mit denen in schriftsprachlicher Weise zu verkehren ist, berufliche Schwierigkeiten oder gar Arbeitslosigkeit, Probleme im privaten Bereich, Selbstzweifel etc.),

o andauerndes *Vermeiden* von schriftsprachlichen Lebensfeldern (eingerichtet wird sich in Arbeits- und Alltagsbereichen mit möglichst geringem schriftsprachlichen Anspruch oder zumindest mit bewältigbaren schriftsprachlichen Routinen),

o mitunter *Nachholbedürfnis* (privat mit vertrauten Bezugspersonen oder Lernmaterialien und öffentlich in Alphabetisierungskursen etc.),

o anhaltende *Kompensation* der mangelhaften Lese- und Schreibfertigkeiten (etwa durch ausgeprägte sprechsprachliche Kommunikation, inkaufnehmen diverser Umständlichkeiten, wie das Vorsprechen bei Ämtern, die Konsultation von Bezugspersonen etc.).

Alphabetisierung
Schriftunkundige Menschen mit Lesen und Schreiben vertraut machen. Man spricht von Alphabetisierung nicht nur in Bezug auf das Erlernen einer Zuordnung graphischer Zeichen zu Lauten oder Lautsegmenten, welche kleiner sind als Silben, sondern auch in Bezug auf das Verständnis komplexer syntaktischer Textstrukturen.

Analyse
Zergliederung einer Einheit in eine Vielheit, eines Ganzen in seine Teile, einer Mischung in seine Elemente, eines Begriffs in seine Merkmale, eines Vorgangs in einzelne Akte, welche darin aufeinander folgen oder sich miteinander verbinden.

Begriffe
Durch Abstraktion gewonnene gedankliche Konzepte, durch die Sachverhalte aufgrund bestimmter Eigenschaften oder Beziehungen klassifiziert werden. Begriffe haben ihren Ausgangspunkt darin, dass Ausdrücke verwendet werden, die sich nicht – wie Eigennamen – nur auf ein Ding, sondern auf mehrere Dinge beziehen, über die sich Merkmale aussagen lassen, die nur ihnen und keinen anderen zukommen. Begriffe resultieren also aus Unterscheidungshandlungen, und auch umgangssprachlich

meint „einen Begriff von etwas haben" so viel wie „etwas von anderem unterscheiden können".

Benachteiligung / Behinderung

Menschen werden als „behindert" bezeichnet, wenn ihre körperlichen, geistigen oder seelischen Kräfte dauerhaft von den für ihr Lebensalter typisch erscheinenden Fähigkeiten abweichen und deswegen eine Teilhabe am gesellschaftlichen Leben maßgeblich beeinträchtigt ist. Man ist von Behinderung bedroht, wenn gravierende Beeinträchtigungen zu erwarten sind, wobei die Ursachen von Behinderungen endogener oder exogener Art sein können.

Bildung

Neben der körperlichen Gestaltung eines Wesens auch die Förderung eines selbständigen Menschen in bestimmter Absicht, dies vor allem auch infolge Justus Mösers (1720–1794). Im Begriff des „gebildeten Menschen" liegt einerseits das Moment der Entwicklung menschlicher Natur durch kulturelle Formen und anderseits das Moment der individuellen Integrität und mithin Freiheit und Vielseitigkeit menschlichen Seins und Werdens.

Empirie

Methodisch kontrolliertes und ausgewiesenes Erfahrungswissen, im Unterschied zu methodisch kontrolliertem und ausgewiesenem theoretischen Wissen sowie zum alltäglichen Erfahrungswissen.

Empirismus

Wissenschaftlicher Ansatz, der als Quelle des Wissens lediglich die Erfahrung und methodisch entsprechend allein die Beobachtungen von Experimenten gelten lässt; zumeist im Gegensatz zum Rationalismus, der wiederum den Gehalt von Erfahrungswissen grundsätzlich in Zweifel zieht.

Funktionale Linguistik

Aus dem europäischen Strukturalismus hervorgegangene Schule, welche im Unterschied zu anderen strukturalistischen Richtungen (vor allem der formbezogenen „Kopenhagener Schule") Sprache primär als ein funktionierendes Kommunikationsmittel betrachtet, als ein Kommunikationsmittel, dessen Beobachtung an konkretem Sprachmaterial in Verwendungssituationen beschrieben werden soll. Die Grundthesen des funktionalen Ansatzes wurden erstmals 1928 auf dem Slawistenkongress in Den Haag vorgetragen und seit dem Amsterdamer Phonetik-Kongress 1932 auch unter dem Namen „Prager Schule" bekannt gemacht.

Institution

Sammelbezeichnung für die materialisierten Routinen einer Kultur. Organisationen werden allgemein als Konkretisierungen stabiler Regulierungsmuster begriffen.

Kompetenz

Sammelbezeichnung für Fertigkeiten, die an das Erreichen konkreter Zielvorgaben gebunden sind und vor allem auf bestehende subjektive Handlungsvermögen abstellen, oftmals auch in einer expliziten Abgrenzung zur Beschreibung subjektiven Unvermögens oder (pädagogischer) Entwicklungsprozesse. In linguistischer Hinsicht stehen Kompetenzen in erster Linie für das sprachliche *Vermögen* im Unterschied zur Performanz, das heißt der tatsächlichen Sprach*verwendung*.

Kommunikation

Jede Form wechselseitiger Übermittlung von Information durch Zeichen oder Symbole zwischen Lebewesen oder auch zwischen Lebewesen und datenverarbeitenden Maschinen.

Kontext

Im kommunikationstheoretischen Zusammenhang bezeichnen Kontexte all jene Elemente von kommunikativen Situationen, die systematisch die Produktion und das Verständnis einer Äußerung bestimmen.

Lesen

Ein Analyse-Synthese-Prozess der interpretativen Umsetzung von schriftlichen Zeichenketten in Informationen. Solche Sinn-Rekonstruktionen sind Vorgänge, bei denen optisch-perzeptive und artikulatorische Teilaspekte mit der Wahrnehmung von lexikalischen Bedeutungen sowie dem Erkennen von syntaktischen Strukturen mehr oder weniger simultan verlaufen oder sich durch Rückkopplungen gegenseitig beeinflussen.

Literalität

Gesellschaftliche Formationen gelten als literal, wenn schriftsprachliche Kommunikation ein konstitutives Merkmal ihres gesellschaftlichen Verkehrs ist. Literalität korrespondiert stets mit der Entwicklung von Lese- und Schreibschulungen und Speichermedien für Schriftprodukte (Archive, Bibliotheken). Bezogen auf Individuen wird von der Literalität einer Person oftmals auf ihre Gebildetheit geschlossen, da in langen Abschnitten abendländischer Geschichte Literalität gleichbedeutend mit Bildung (lat. *litteratus*) war.

Linguistik

Seit dem 19. Jahrhundert besonders seit Ferdinand de Saussure (1857–1913) übliche Bezeichnung für Sprachwissenschaft, insbesondere für moderne (systembezogene, strukturalistische, funktionale u. a.) Sprachbetrachtungen.

Schrift

Ein auf einem mehr oder weniger konventionalisierten System von graphischen Zeichen basierendes Mittel zur Aufzeichnung von mündlicher Sprache. Die jahrtausendealte Geschichte der Schrift ist in ihrer Entwicklung stark von Magie, Religion und Mystik geprägt, zugleich aber auch vom kulturhistorisch bedingten Wandel der Materialen (Fels, Leder, Knochen, Pergament), Schreibwerkzeugen und Schreibtechniken.

Sozialwissenschaft

Institutionalisierte Beschreibung des gesellschaftlichen Seins und Werdens im Lichte eines erfahrungswissenschaftlichen Selbstverständnisses. Im Unterschied zur alltäglichen Erfahrungsbildung binden die sozialwissenschaftlichen Untersuchungsmethoden den Zugang zur gesellschaftlichen Realität an bestimmte Verfahrensregeln, welche möglichst präzise und intersubjektiv anwendbar sein sollen.

Norm

Regeln, die menschliches Handeln grundsätzlich leiten und sich somit von Tatsachen unterscheiden. Terminologisch scheint es zweckmäßig zu sein, zwischen kategorischen und hypothetischen Normen zu unterscheiden, denn während hypothetische Normen auf faktisch vorhandene Interessen Bezug nehmen (und aussagen, was zu tun ist, um die jeweiligen Interessen zu erreichen), beanspruchen kategorische Normen, das menschliche Verhalten relativ unabhängig von faktischen Interessen leiten zu können.

Mündlichkeit

Eine in entwicklungsgeschichtlicher Hinsicht – sowohl bezüglich der Sprachgeschichte als auch des Spracherwerbs – primäre Kommunikationsform. Die wissenschaftliche Beschäftigung mit gesprochener Sprache wurde seit den 1960er Jahren zunehmend intensiviert.

Nationalsprache

Gesamtmenge aller regionalen, sozialen und funktionalen gesprochenen und geschriebenen Varianten einer historisch-politisch definierten Sprachgemeinschaft.

Netzwerk

Mit diesem Begriff werden – anders als bei strukturfunktionalistischen Begriffen wie „Schicht", „Klasse" etc. – soziale Interaktionen in den Mittelpunkt gestellt. Netzwerke erscheinen dann umso dichter, je häufiger die Teilnehmer auch außerhalb ihres Netzwerkes zueinander in Beziehung stehen, und sie sind umso komplexer, je vielfältiger die Beziehungen innerhalb von Netzwerken begründet sind.

Soziolinguistik

Seit den 1960er Jahren zunehmend etablierte und weit verzweigte Disziplin im Überschneidungsbereich von Linguistik und Soziologie. Im Gegenentwurf zu den formal orientierten Schulen der strukturalistischen oder generativen Linguistik wird hier Sprache als ein soziales Phänomen aufgefasst und mithin das wechselseitige Bedingungsgefüge von Sprach- und Sozialstruktur beziehungsweise die soziale Bedeutung des Sprachsystems und -gebrauchs untersucht.

Schreiben

Eine Form des graphischen Ausdrucks von Sprache, welche an einen Stoff zum Beschreiben und ein Schrift produzierendes Werkzeug gebunden ist; zentrales Verfahren menschlicher Kommunikation. Die Art und Weise des Schreibens wird mehr oder weniger kodifiziert durch Schriftsysteme und die sich daraus ableitenden regelhaften und singulären Konventionen zur visuellen Kodierung eines Schriftstückes.

Theorie

Kontemplativer Umgang mit materialen und mentalen Sachverhalten, der zu einem kohärenten oder zumindest konsensfähigen Wissen führt, das einer Wirklichkeit korrespondiert oder korrespondieren kann.

Autor

Steffen Kleint, Dr. phil., ist derzeit als Programmleiter in der Deutschen Kinder- und Jugendstiftung (DKJS) in Magdeburg tätig. Seine Mitarbeit an einer empirischen Vorstudie zur Größenordnung des funktionalen Analphabetismus in Deutschland, die am Deutschen Institut für Erwachsenenbildung – Leibniz-Institut für Lebenslanges Lernen (DIE) durchgeführt wurde, bildet die Grundlage für die vorliegende Studie.